智慧职场
AI 工具
让你轻松成为效率达人

前 思 ◎ 编著

中国铁道出版社有限公司
CHINA RAILWAY PUBLISHING HOUSE CO., LTD.

图书在版编目（CIP）数据

智慧职场：AI工具让你轻松成为效率达人 / 前思编著 . -- 北京：中国铁道出版社有限公司，2025.9.
ISBN 978-7-113-32008-9
Ⅰ. C935-39
中国国家版本馆 CIP 数据核字第 2025V2W641 号

书　　名：**智慧职场——AI工具让你轻松成为效率达人**
　　　　　ZHIHUI ZHICHANG：AI GONGJU RANG NI QINGSONG CHENGWEI XIAOLÜ DAREN
作　　者：前　思

责任编辑：张亚慧　　　　编辑电话：（010）51873035　　　电子邮箱：lampard@vip.163.com
封面设计：宿　萌
责任校对：刘　畅
责任印制：赵星辰

出版发行：中国铁道出版社有限公司（100054，北京市西城区右安门西街 8 号）
网　　址：https://www.tdpress.com
印　　刷：北京盛通印刷股份有限公司
版　　次：2025 年 9 月第 1 版　2025 年 9 月第 1 次印刷
开　　本：710 mm×1 000 mm　1/16　印张：17　字数：292 千
书　　号：ISBN 978-7-113-32008-9
定　　价：88.00 元

版权所有　侵权必究

凡购买铁道版图书，如有印制质量问题，请与本社读者服务部联系调换。电话：（010）51873174
打击盗版举报电话：（010）63549461

前　言

在当今这个日新月异的职场环境中，效率不仅是衡量个人与团队绩效的标尺，更是通往成功不可或缺的钥匙。然而，对于众多职场办公人员而言，低效成为制约其发展的沉重枷锁。从文案创作的枯燥与乏力，到图片设计的专业门槛，再到视频剪辑的复杂烦琐，每一项任务都似乎在无形中消耗着我们的时间与精力，使得高效工作成为一种奢望。

正是基于这样的背景，本书应运而生。通过 AI 技术的赋能，为职场人士提供一套系统而高效的解决方案，助力大家在文案写作、图片设计、视频剪辑，以及日常办公中实现质的飞跃。

本书特色

本书结合 AI 特性，详细介绍 AI 工具在职场办公中的应用，包括以下四大核心特色。

（1）直击痛点，AI 赋能

本书深刻洞察了职场办公人员在上述领域中的低效痛点，通过引入一系列先进的 AI 工具，如豆包、通义、文

智慧职场——AI 工具让你轻松成为效率达人

心一格、天工 AI、剪映、即梦 AI 等，确保读者能够了解并熟练运用，为大家展示了如何利用这些工具快速生成创意文案、轻松创作专业图片、高效剪辑视频，并自动化处理日常办公任务。这些 AI 工具不仅能够有效缓解职场人士的工作压力，更能显著提高工作效率与成果质量。

（2）实战导向，案例丰富

为确保读者能够真正掌握这些 AI 工具的使用技巧，本书特别设计了 100 多个实战案例，覆盖文案创作、图片设计、视频剪辑，以及日常办公的各个方面。通过详细的步骤解析与效果展示，读者可以直观地感受到 AI 技术带来的变革与便利。同时，书中还附赠了 100 多个效果文件与 160 多分钟的同步教学视频，帮助读者更好地理解和应用所学知识。

（3）解决问题，增强体验

针对职场中常见的办公场景和问题，提供了相应的 AI 解决方案，包含在线资源、视频教程、交互式练习等元素，提供更加互动和参与式的学习体验，帮助读者更好地应对职场挑战。

（4）技能提升，职场新篇

通过对本书内容的学习，职场人士将能够掌握一系列 AI 工具的使用技巧，从而在文案写作、图片设计、视频剪辑，以及日常办公中展现出更高的专业素养与工作效率。这不仅有助于提升个人的职场竞争力，更能为团队的整体效能带来显著提升。我们相信，在 AI 技术的赋能下，每一位职场人士都将能够开启一段全新的职场旅程，成为真正的效率达人。

让我们携手并进，共同探索 AI 技术在职场中的无限可能，开启一段充满智慧与效率的职场新篇章。

特别提示

（1）版本更新：本书在写作时，是基于当前各种 AI 工具和网页平台的界面截取的实际操作图片，书中涉及的各大软件和工具，文小言 App 为 4.1.0.10 版本，Kimi 智能助手 App 为 1.4.5 版本，WPS Office App 为 14.16.3.7ef13f0cbbd-cn00571 版本，豆包 App 为 5.2.0 版本，通义 App 为 3.10.0 版本，智谱清言 App 为 2.4.3 版本，天工 AI App 为 3.0 版本，讯飞星火 App 为 4.0.10 版本，剪映 App 为 14.7.0 版本，即梦 AI App 为 1.1.1 版本，快影 App 为 6.60.0.66.0003 版本。

前　言

写作本书的过程中是根据当时界面截取的实际操作图片，由于书从写作到结集出版需要一段时间，在此期间，这些工具的功能和界面可能会有变动，请在阅读时根据书中的思路举一反三，进行学习。

提醒：即使是相同的指令，软件每次生成的回复也会有所差别，这是软件基于算法与算力得出的结果，这是正常的，所以，大家看到书里的回复与视频中的有所区别，包括大家用同样的指令，自己进行实际操作时，得到的回复也会不同。因此，在观看视频教程时，读者应把更多的精力放在操作技巧的学习上。

（2）内容说明：本书分为 AI 办公基础、AI 文案与创作、AI 图片与设计，以及 AI 视频与剪辑四篇，这些工具的功能各有所长，大家不要受分篇限制，找到适合自己的工具与功能就好。对于介绍的某个工具的某些功能，其实在其他 AI 工具中也有，限于篇幅，不再一一介绍，大家有时间可以自己去尝试操作一下。另外，在撰写本书的过程中，因为篇幅有限，对于 AI 工具回复的内容只展示了要点，详细的回复文案，请读者查看随书下载提供的效果完整文件。

（3）版本说明：为了让大家学到更多，对同一个 AI 工具，既介绍了网页版的操作，也介绍了 App 手机版的操作（例如，文心一言、Kimi 等），每一章前面是网页版和手机版的注册与登录方法，接下来是界面功能介绍及其实例运用，部分 AI 工具还介绍了电脑版的操作方法（例如，剪映），书中对于不同版本进行了详尽的讲解，大家可以融会贯通。

资源获取

如果读者需要获取书中案例的素材、效果和视频，请通过封面上的下载链接及二维码获取。

编写售后

本书由前思编写，感谢陈雅、李玲等人帮助整理资料。由于知识水平所限，书中难免存有疏漏和不足之处，恳请广大读者批评、指正，联系微信：2633228153。

作　者
2025 年 5 月

目 录

【AI 办公基础】

第1章　智能对话：运用文心一言自动办公　1

文心一言是一款由百度公司研发的大语言模型，文心一言能够流畅地与用户进行自然语言对话、解答复杂问题、协助内容创作，方便快捷地帮助用户获取信息、知识和灵感。本章将介绍使用文心一言进行智能办公的方法，帮助大家快速注册与运用文心一言，轻松构建出优质的 AI 内容，大幅提高职场办公效率。

1.1　初识文心一言：操作与功能　2
　　1.1.1　工具介绍：注册与登录　2
　　1.1.2　界面全览：了解其功能　5
1.2　办公自动化：文心一言的应用　7
　　1.2.1　月度计划：工作计划的智能生成　7
　　1.2.2　女性成长推文：文章改写的高效技巧　9
　　1.2.3　辣酱推广：营销文案的创意设计　11
　　1.2.4　销售培训大纲：PPT 设计的创新思路　12
　　1.2.5　特卖活动策划：促销文案的深度创作　13
　　1.2.6　店庆活动：发言稿件的轻松书写　15
　　1.2.7　夜景照片：摄影作品的全面解析　16
　　1.2.8　善良的光芒：作文点评的批量处理　18

i

第 2 章　智能办公：运用 Kimi 提升效率　　21

　　Kimi 是由月之暗面科技有限公司精心打造的智能助手，它具备强大的多语言交流能力，能够流畅地进行中英文对话。Kimi 还拥有处理多种文件格式的能力，致力于通过其先进的 AI 技术，简化日常任务，让工作生活更加智能化。本章主要介绍 Kimi 网页版和手机版的界面与功能，并运用 Kimi 进行智能办公，提高工作效率。

2.1　Kimi 入门：操作与功能　　22
　　2.1.1　工具介绍：注册与登录　　22
　　2.1.2　界面全览：了解其功能　　25

2.2　办公效率提升：Kimi 的应用　　27
　　2.2.1　人物专访图书：选题策划的智能辅助　　28
　　2.2.2　儿童文具项目：工作总结的智能撰写　　29
　　2.2.3　婚前必读文案：爆款文案的极速生成　　31
　　2.2.4　员工工资表：核心数据的自动获取　　32
　　2.2.5　市场部经理合同：方案设计的快速起草　　34
　　2.2.6　小红书推广项目：奖金方案的独特策划　　35
　　2.2.7　销售经理简历：优秀人才的精准筛选　　36
　　2.2.8　罗马假日：观影好评的创意生成　　39

第 3 章　智能升级：运用 WPS AI 高效办公　　41

　　WPS AI 作为金山办公匠心独运的创新之作，引领着中国协同办公领域迈向类 ChatGPT 的新时代，并且深度融合了大语言模型的先进技术，它通过生成式 AI 技术提高了用户在职场办公和文档处理等方面的工作效率。本章将详细介绍 WPS AI 的主要功能与操作技巧，并对其运用进行了详细的案例分析，让用户办公更加高效。

3.1　WPS AI 初探：操作与功能　　42
　　3.1.1　工具介绍：注册与登录　　42
　　3.1.2　界面全览：了解其功能　　45

3.2　办公任务的智能处理　　47
　　3.2.1　红酒项目：PPT 演示的智能创作　　48
　　3.2.2　旅游促进大会：通知文档的快速生成　　51

目 录

3.2.3 优才评选名单：人事表格的自动化管理 　　52
3.2.4 解除劳动关系：合同文件的智能起草 　　53
3.2.5 年会创意方案：互动游戏的趣味设计 　　54
3.2.6 写作技能培训：活动邀请的一键生成 　　55
3.2.7 员工工作证明：证明文件的有效编写 　　57
3.2.8 记账管理：财务方案的准确生成 　　59

【AI 文案与创作】

第 4 章　智能助手：运用豆包创作文案　　63

豆包是字节跳动公司匠心独运的 AI 工具，基于先进的云雀智能模型横空出世，它不仅是一位精通对话艺术的 AI 聊天伙伴，更是职场人士提高效率的得力助手。同时，还是写作文案、教师备课的全能工具。本章介绍豆包的核心功能、注册与登录及操作界面，并对其主要功能与应用案例进行详细讲解，帮助用户快速提高工作效率。

4.1　豆包入门：操作与功能　　64
　　4.1.1　工具介绍：注册与登录　　64
　　4.1.2　界面全览：了解其功能　　67
4.2　文案创作的智能应用　　70
　　4.2.1　摄影产业：资讯搜索的强大辅助　　70
　　4.2.2　提取网页摘要：文档总结的智能提取　　72
　　4.2.3　儿童电话手表：宣传文案的高效撰写　　73
　　4.2.4　医疗健康科普：专业文案的智能创作　　75
　　4.2.5　教育型软件：应用代码的智能生成　　76
　　4.2.6　青海七天之旅：旅行攻略的详细生成　　78
　　4.2.7　短篇现实小说：文学作品的个性创作　　80
　　4.2.8　速读一本书：智能体的高效助力　　82

第 5 章　智能工具：运用通义一键成文　　85

通义是由通义千问更名而来，是阿里云推出的人工智能语言模型工具，它具备全面的 AI 能力，助力用户高效办公与文案创作，其主要功能包括多轮对话、文案创作、逻辑推理、多模态理解及多语言支持等。本章将全面介绍通义的核心功能、注册与登录及操作界面，并对其主要功能与应用案例进行具体讲解。

5.1 通义入门：操作与功能 86
5.1.1 工具介绍：注册与登录 86
5.1.2 界面全览：了解其功能 89
5.2 文案生成的智能应用 92
5.2.1 金融趋势：选题智库的全面搭建 92
5.2.2 夏季妆容指南：爆文标题的极速打造 94
5.2.3 健身指导：专业信息的智能问答 94
5.2.4 联合促销：活动方案的新颖策划 96
5.2.5 品牌故事：电商文案的高效产出 97
5.2.6 智能手环：智能产品的 SWOT 分析 98
5.2.7 编导毕业生：职业规划的适宜建议 99
5.2.8 美术课程框架：教学备课的合理设计 101

第 6 章 智能创作：运用智谱清言写作 103

智谱清言是北京智谱华章科技有限公司推出的一款生成式 AI 助手，它凭借其丰富的功能和广泛的应用场景，在工作和生活中为用户提供了极大的支持，其具备通用问答、多轮对话、创意写作、代码生成及虚拟对话等强大功能。本章将全面介绍智谱清言的核心功能、注册与登录及操作界面，并对其主要功能与应用案例进行具体讲解。

6.1 智谱清言入门：操作与功能 104
6.1.1 工具介绍：注册与登录 104
6.1.2 界面全览：了解其功能 107
6.2 智能创作与分析的应用 111
6.2.1 科普文章译英：智能解读长文档 111
6.2.2 教育政策：AI 搜索的高效应用 114
6.2.3 企业管理：风险防范建议的撰写 116
6.2.4 面试问题：面试资料的细致制定 117
6.2.5 天气折线图：数据分析的智能制作 118
6.2.6 新媒体编辑：招聘文案的快捷生成 120

6.2.7　工作周报：运营总结的优质输出　　　121

6.2.8　前言、内容提要：图书创作的实力辅助　　　123

【AI 图片与设计】

第 7 章　AI 绘画：运用文心一格生成图片　　　125

文心一格是百度依托飞桨深度学习平台和文心超大规模预训练模型的技术创新，精心打造的一款创新性的 AI 艺术和创意辅助平台，旨在赋能设计师、艺术家及创意爱好者，提供智能化的艺术创作和创意辅助服务。本章将全面介绍文心一格的核心功能、注册与登录、操作界面，并对其主要功能与应用案例进行具体讲解。

7.1　文心一格入门：功能与优势　　　126

7.1.1　工具介绍：注册与登录　　　126

7.1.2　界面全览：了解其功能　　　131

7.2　AI 绘画与设计的智能应用　　　133

7.2.1　儿童绘本：插画图片的精美设计　　　133

7.2.2　山水美景：国风图片的唯美创作　　　135

7.2.3　萌宠照片：以文生图的创意生成　　　136

7.2.4　唯美夕阳：以图生图的智能助手　　　139

7.2.5　自然风光：高清图片的匠心设计　　　140

7.2.6　趣味"乐"字：艺术字体的个性创作　　　142

7.2.7　科幻动画：场景图片的精细描绘　　　144

7.2.8　二次元少年：漫画图片的新意打造　　　145

第 8 章　智能生图：运用天工 AI 一语成画　　　147

天工 AI 是一款由昆仑万维团队自主研发的强大而全面的 AI 工具，它在国内的 AI 搜索领域占据了主导地位，集多种功能于一体，具备强大的生成式 AI 技术。本章将全面介绍天工 AI 的核心功能、注册与登录及操作界面，并对其主要功能与应用案例进行具体讲解，解锁其智能生图、一语成画的强大功能。

8.1 天工 AI 入门：操作与功能　　148
8.1.1 工具介绍：注册与登录　　148
8.1.2 界面全览：了解其功能　　152

8.2 图片创作的智能应用　　154
8.2.1 电商宣传：模特图片的形象打造　　154
8.2.2 灵动小猫：宠物图片的可爱制作　　156
8.2.3 摩天大楼：建筑图片的巧妙构建　　157
8.2.4 电影特效：模板同款的一键成片　　158
8.2.5 端午佳节：节日海报的精巧绘制　　160
8.2.6 智能音箱：电商图片的智能设计　　161
8.2.7 时尚美妆：产品广告的精美设计　　162
8.2.8 场景宣传：游戏配图的创意生成　　164

第 9 章　AI 创作：运用讯飞星火绘画　　165

讯飞星火是由科大讯飞推出的新一代认知智能大模型，具备内容创作、智能绘画和逻辑推理等多种先进的人工智能能力，可以帮助用户提高办公效率、优化工作体验。本章将全面介绍讯飞星火的核心功能、注册与登录及操作界面，并对其主要功能与应用案例进行具体讲解。

9.1 讯飞星火入门：操作与功能　　166
9.1.1 工具介绍：注册与登录　　166
9.1.2 界面全览：了解其功能　　169

9.2 智能绘画与创作的应用　　172
9.2.1 城市风光：全景图片的一键创作　　172
9.2.2 美女图片：人像写真的创意生成　　174
9.2.3 赛博朋克：夜景图片的唯美制作　　175
9.2.4 保护地球：有声绘本的角色绘制　　176
9.2.5 素描绘画：手绘角色的艺术描绘　　178
9.2.6 现代简约：室内装饰的一键绘画　　178
9.2.7 海滩静物：简笔漫画的轻松成片　　180
9.2.8 森林风光：水墨画作的雅致设计　　182

【AI 视频与剪辑】

第 10 章　AI 视频：运用剪映进行创作　　185

剪映是字节跳动公司推出的一款视频编辑工具，其功能强大、操作简便，广泛应用于短视频制作、Vlog 剪辑、广告创意、品牌宣传等多个领域，无论是个人用户还是专业团队，都可以通过剪映轻松实现高质量的视频编辑和创作。本章将介绍剪映的核心功能、下载与登录及操作界面，并对其主要功能与应用案例进行具体讲解。

10.1　剪映入门：操作与功能　　186

10.1.1　工具介绍：下载与登录　　186
10.1.2　界面全览：了解其功能　　190

10.2　视频剪辑的智能应用　　193

10.2.1　人像写真：图文成片视频的智能剪辑　　193
10.2.2　生活 Vlog：模板成片视频的轻松打造　　195
10.2.3　瞬间长大：成长记录视频的可爱呈现　　196
10.2.4　漫画女神：人物变身视频的特效成片　　198
10.2.5　辣椒炒肉：专业教学视频的创意制作　　200
10.2.6　咖啡广告：智能扩图视频的一键创作　　202
10.2.7　发型推荐：美发营销视频的智能成片　　204
10.2.8　旅游风光：一键成片视频的智能生成　　206

第 11 章　图文生视频：运用即梦 AI 进行创作　　209

即梦 AI 是一个由剪映团队研发的一站式 AI 创作平台，其支持通过自然语言及图片输入，生成高质量的图像及视频。用户只需描述自己的想法或上传图片，即梦 AI 即可让这些灵感创意生成精美的图片或视频画面。本章将介绍即梦 AI 的核心功能、注册与登录及操作界面，并对其主要功能与应用案例进行具体讲解。

11.1　即梦 AI 入门：功能与优势　　210

11.1.1　工具介绍：注册与登录　　210
11.1.2　界面全览：了解其功能　　214

11.2 视频生成的智能应用   217

    11.2.1   海边日落：山水风光视频的智能创作   217

    11.2.2   风中荷花：动态风景视频的精心打造   219

    11.2.3   彩蝶翩飞：梦幻动画视频的精巧制作   221

    11.2.4   独特建筑：城市风光视频的轻松呈现   223

    11.2.5   电影景象：同款片段视频的一键生成   225

    11.2.6   桥梁晚霞：逆光风格视频的震撼出片   227

    11.2.7   绝美雪山：高原风光视频的创意生成   229

    11.2.8   冲浪小狗：同款创意视频的智能设计   231

第 12 章   智能生成：运用可灵 AI 进行创作   235

可灵 AI 是一款视频生成大模型，其在视频创作领域展现出了强大的技术实力和广泛的应用潜力，在繁忙的职场办公环境中，可灵 AI 以其卓越的 AI 生视频技术，为职场人士开辟了一条高效、创意无限的视觉表达新路径。本章将全面介绍可灵 AI 的核心功能、注册与登录及操作界面，并对其主要功能与应用案例进行具体讲解。

12.1 可灵 AI 入门：操作与功能   236

    12.1.1   工具介绍：注册与登录   236

    12.1.2   界面全览：了解其功能   240

12.2 视频生成的智能应用   243

    12.2.1   山川湖泊：景点宣传视频的创意生成   244

    12.2.2   花间蜻蜓：图生动态视频的智能制作   245

    12.2.3   花海少女：背影意境视频的唯美呈现   247

    12.2.4   猫咪看报：电影角色视频的智能生成   248

    12.2.5   森林童话：动画场景视频的精美打造   250

    12.2.6   萌趣小鸡：可爱动物视频的智能创作   252

    12.2.7   古风美女：人像特写视频的绝美效果   253

    12.2.8   儿童微笑：怀旧黑白视频的灵动创作   255

【AI 办公基础】

第 1 章
智能对话：运用文心一言自动办公

文心一言是一款由百度公司研发的大语言模型，文心一言能够流畅地与用户进行自然语言对话、解答复杂问题、协助内容创作，方便快捷地帮助用户获取信息、知识和灵感。本章将介绍使用文心一言进行智能办公的方法，帮助大家快速注册与运用文心一言，轻松构建出优质的 AI 内容，大幅提高职场办公效率。

智慧职场——AI 工具让你轻松成为效率达人

1.1 初识文心一言：操作与功能

文心一言具备丰富的知识库，能够回答各种学科、领域的问题，提供准确、可靠的信息，它具备强大的自然语言处理能力，能够理解用户输入的指令并完成问答、文本创作、代码查错等多种任务。本节将介绍注册并登录文心一言网页版和手机版的操作方法，并对其操作界面的各功能进行讲解。

1.1.1 工具介绍：注册与登录

在使用文心一言之前，用户需要先注册一个百度账号，该账号对于两个平台（百度和文心一言）都是通用的。下面分别介绍注册并登录文心一言网页版和手机版的操作方法。

1. 网页版的注册与登录

注册与登录文心一言网页版之前，首先需要打开文心一言的官方网址，通过"立即登录"按钮，可以进行注册与登录操作，具体操作方法如下。

▶▶ 步骤1　在电脑中打开相应浏览器，输入文心一言的官方网址，打开官方网站，单击右上角的"立即登录"按钮，如图1-1所示。

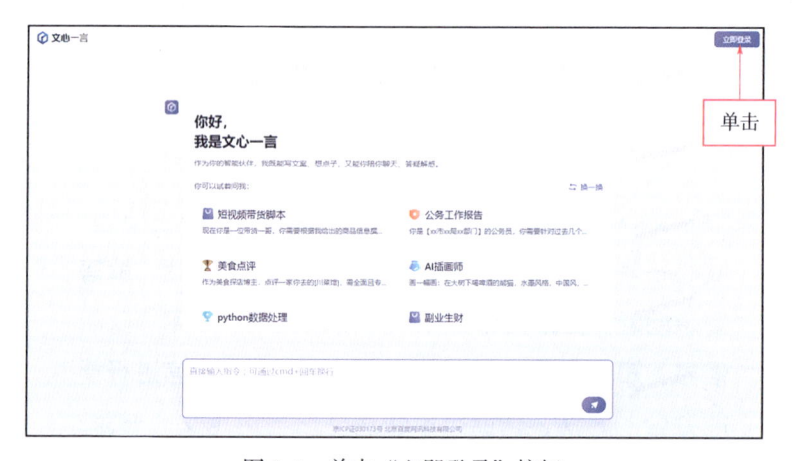

图1-1　单击"立即登录"按钮

▶▶ 步骤2　弹出相应窗口，如果用户已经拥有百度账号，则在"账号登录"面板中直接输入账号（手机号/用户名/邮箱）和密码进行登录，或者使用百度App扫码登录。如果用户没有百度账号，则在窗口的右下角位置单击"立即注册"按钮，如图1-2所示。

第1章 智能对话：运用文心一言自动办公

图 1-2 单击"立即注册"按钮

▶▶ 步骤3 打开百度的"欢迎注册"页面，如图 1-3 所示，在其中输入相应的用户名、手机号、密码和验证码等信息，然后单击"注册"按钮，即可注册并登录文心一言。

图 1-3 打开百度的"欢迎注册"页面

2. 手机版的注册与登录

文小言（原文心一言）App 的界面设计简洁直观，用户可以快速体验 AI 带来的便捷。下面介绍注册与登录文小言 App 的操作方法。

▶▶ 步骤1 打开手机中的应用商店，点击搜索栏，在搜索框中输入"文小言"，点击"搜索"按钮，即可搜索到文小言 App，点击 App 右侧的"安装"按钮，如图 1-4 所示。

▶▶ 步骤2 执行操作后，即可开始下载并自动安装文小言 App，安装完成后，App 右侧显示了"打开"按钮，如图 1-5 所示。

▶▶ 步骤3 点击"打开"按钮，进入文小言 App 的"温馨提示"界面，点击"同意"按钮，如图 1-6 所示。

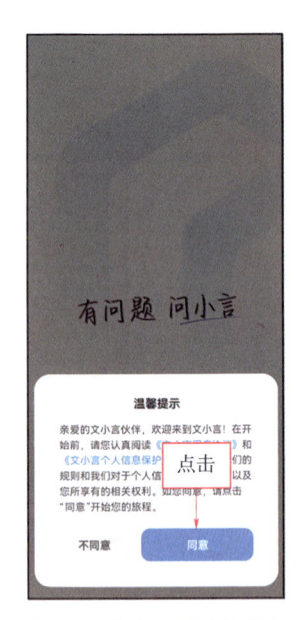

智慧职场——AI 工具让你轻松成为效率达人

图 1-4　点击"安装"按钮　　图 1-5　显示了"打开"按钮　　图 1-6　点击"同意"按钮

▶▶ 步骤 4　进入账号登录界面，选中底部相关协议复选框，点击"一键登录"按钮，如图 1-7 所示。如果用户没有文小言账号，则在界面中点击"切换登录方式"按钮，在接下来的界面中通过手机号码可以注册文小言账号。

▶▶ 步骤 5　执行操作后，即可注册并登录文小言 App，如图 1-8 所示。

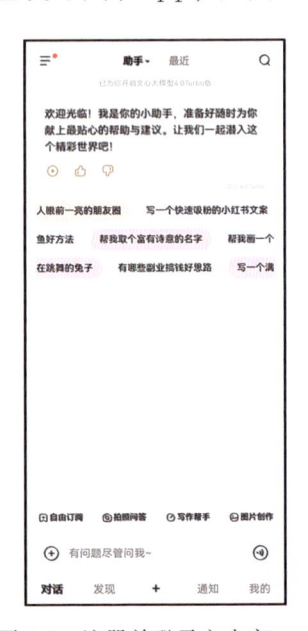

图 1-7　点击"一键登录"按钮　　图 1-8　注册并登录文小言 App

1.1.2 界面全览：了解其功能

文心一言作为百度打造的人工智能工具，其界面设计旨在为用户提供便捷、高效的交互体验。下面介绍文心一言网页版与手机版的界面功能。

1. 网页版的页面与功能

文心一言网页版页面功能丰富且布局清晰，用户可以轻松找到所需功能入口，其页面中的各主要功能，如图1-9所示。

图1-9 文心一言页面中的各主要功能

下面对文心一言页面中的各主要功能进行具体讲解。

❶ 模型区：在模型区中包括文心一言的三大模型，如文心大模型3.5、文心大模型4.0、文心大模型4.0 Turbo，不同的版本在技术和应用上均有所突破。其中，文心大模型3.5是免费提供给用户使用的，后面两种文心大模型需要用户开通会员功能才可以使用。

❷ 对话："对话"页面是文心一言的核心功能之一，为用户提供了一个与AI进行自然语言交互的平台。"对话"页面的最下方有一个输入框，供用户输入问题或文本信息。

❸ 百宝箱：百宝箱中有许多AI写作工具，例如，提效max、AI绘画等。

❹ 开会员：单击"开会员"按钮，弹出相应页面，其中显示了开通会员的相关介绍，如开通价格、权益对比等，该功能是文心一言商业化策略的一部分，旨在为用户提供更多高级功能和更好的使用体验，以满足用户更加个性化的需求。

❺ 欢迎区：显示了文心一言的相关简介和功能，单击"点这里快速上手"文字链接，在打开的页面中可以查看文心一言的详细信息，以及指令的使用方法等。

❻ 示例区：对于初次接触文心一言的用户来说，示例区是一个快速了解产品特性和使用方法的途径，该区域中提供了多种文案示例，单击"换一换"文字链接，可以更换其他的文案示例。通过实际操作，用户可以更直观地了解文心一言的应用场景和优势。

❼ 输入框：用户可以在这里输入想要与 AI 交流的内容，如提问、聊天等，用户可以输入各种问题或需求，支持文字输入、文件输入、图片输入等，还可以创建自己常用的指令，提高 AI 办公效率。

2. 手机版的界面与功能

文小言 App 的界面简洁直观，功能十分强大，主界面包含 AI 对话、发现等板块，用户可通过文字、语音或拍照等方式与 AI 进行互动，获取知识问答、文本创作等服务。下面介绍文小言 App 界面的主要功能，如图 1-10 所示。

图 1-10　文小言 App 界面

下面对文小言 App 界面中的各主要功能进行具体讲解。

❶ 功能菜单：打开文小言 App 并完成登录后，点击左上角的 ≡ 按钮，即

可进入"功能菜单"界面，其中的功能选项包括但不限于各项"设置""账号管理""退出登录"等，方便用户快速访问常用功能或进行应用设置。

❷ 对话窗口：这是文小言 App 的核心功能区之一，用户与文小言 App 进行智能对话的主要区域，会显示用户与文小言 App 的对话历史记录，方便用户回顾之前的对话内容，其对于需要持续对话或参考之前信息的场景非常有用。

❸ 输入框：用户点击输入框，可以选择文字、语音或拍照的形式，与 AI 进行交流。点击 按钮，即可"按住说话"，与 AI 进行语音对话；点击输入框中的 按钮，可以通过拍照、上传图片、文档解析和打电话等形式，实现与 AI 的互动。

❹ 搜索按钮：点击 按钮，即可跳转至搜索界面，用户可以在此处搜索感兴趣的内容。

❺ 界面标签：用户可以选择界面底部的相应选项，实现在不同功能界面间进行切换。例如，选择"发现"选项，即可切换至社区和智能体的界面。

1.2　办公自动化：文心一言的应用

文心一言作为百度推出的知识增强大语言模型，提供了多种常用功能，如撰写工作计划、进行 PPT 设计、点评小学生作文等，以满足用户在不同场景下的需求。其擅长的领域非常广泛，例如，文本生成、内容创作、活动策划、图片解析、多模态生成等。本节主要介绍使用文心一言网页版和文小言 App 提高职场工作效率的操作方法。

1.2.1　月度计划：工作计划的智能生成

文心一言可以通过智能问答功能，帮助用户收集市场数据和行业信息，为制订工作计划提供数据支持。用户只需输入相关问题，即可获得相关的市场趋势、竞争对手分析等关键信息，这有助于用户更准确地把握市场动态，为工作计划的制订提供有力依据。

在人与人的沟通过程中，通常需要使用一些方法来让沟通变得更顺畅，让交流变得更和谐，与 AI 的沟通也一样。用户可以通过使用合适的方法，达到让 AI 更好地理解对话的目的，从而生成需要的工作计划内容。在与 AI 对话的过程中，

智慧职场——AI工具让你轻松成为效率达人

用户可以在指令中提供足够的上下文信息,以便AI能够理解你的意图并生成准确的工作计划。

下面介绍使用文心一言网页版智能生成工作计划的操作方法。

▶▶ 步骤1 在电脑中打开相应浏览器,输入文心一言的官方网址,打开官方网站,在中间的输入框中输入相关指令"我在公司担任招聘专员,请帮我撰写一份本月的月度计划",如图1-11所示。

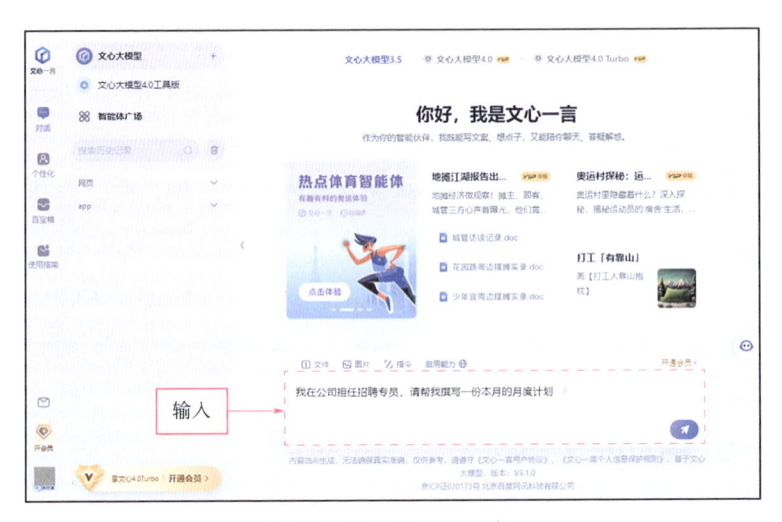

图1-11 输入相关指令

▶▶ 步骤2 单击右侧的发送按钮，便可以得到文心一言生成的招聘专员月度计划,如图1-12所示。

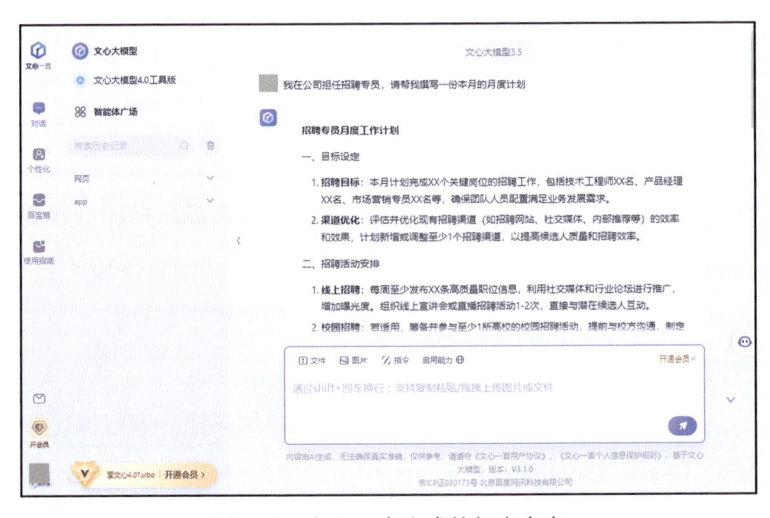

图1-12 文心一言生成的相应内容

第 1 章　智能对话：运用文心一言自动办公

> 温馨提示：
> 　　在这个案例中，提问是使用文心一言页面操作的截图展示，后面案例为了方便读者阅读，使文字显示更加明显，采用文字版进行案例展示。

1.2.2　女性成长推文：文章改写的高效技巧

在公众号文章改写方面，文心一言可以根据输入的文章内容，通过其强大的语言处理和理解能力，进行语义上的理解和分析，并重新组织和表达文章信息，从而实现文章的改写。

具体来说，文心一言可以帮助用户改写文章的结构、语言风格、表达方式等，使文章更加符合目标读者的阅读习惯和喜好。同时，文心一言还可以根据文章的主题和内容，自动添加相关的关键词、短语或句子，以增强文章的可读性和吸引力。

在文心一言中输入相关指令时，用户要尽量使用自然语言来写指令，避免使用过于复杂或专业的语言。AI 是基于自然语言处理的模型，使用自然语言写的指令可以让 AI 更好地理解用户的需求，并生成自然、流畅的回答。下面介绍改写一篇公众号文章的操作方法。

▶▶ 步骤 1　打开文心一言的"对话"页面，在输入框的上方单击"文件"按钮，弹出相应面板，单击"点击上传或拖入文档"按钮，弹出"打开"对话框，在其中选择一篇公众号文章，如图 1-13 所示。

▶▶ 步骤 2　单击"打开"按钮，即可上传公众号文章，显示在输入框中，如图 1-14 所示。

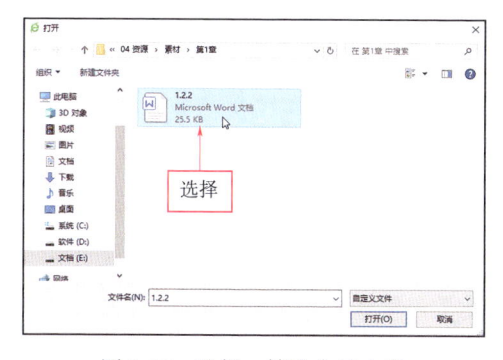

图 1-13　选择一篇公众号文章 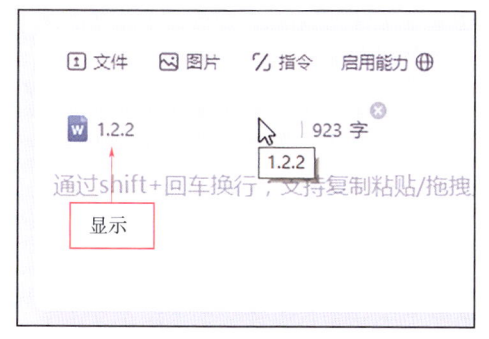　　　图 1-14　上传的文件显示在输入框中

智慧职场——AI工具让你轻松成为效率达人

▶▶ 步骤3 在输入框中输入相应的指令，按【Enter】键确认，便可以得到文心一言改写的公众号文章内容，相关指令和回复内容如下。

提问

请对以上公众号文章进行改写，要求语言风格更符合微信公众号平台的风格，温暖治愈、励志而有力量，体现女性力量之美，适合年轻女性读者阅读，具有深远的启发意义。

文心一言

绽放自我，以温柔之力书写女性成长的璀璨篇章

在这个匆忙的时代，做夜空中最温柔的星光

亲爱的你，是否也曾仰望星空，寻找属于自己的那束光？在这个快节奏的世界里，每一位年轻女性都是独一无二的星辰，以温柔而坚韧的光芒，照亮自己前行的道路。今天，就让我们一起，在这成长的花园里，细细品味那份由内而外散发的温柔力量，共同探索女性成长的无限风光……

成长的旅程，是从认识自己开始的。记得那个青涩的年纪，我们总爱对着镜子悄悄地问："我是谁？"如今，你已成长为那个能自信回答"我就是我，独一无二"的耀眼女孩。每颗宝石都有它的瑕疵，而正是这些不完美，铸就了我们的独特与美丽……

自爱：爱自己，是生命中最浪漫的修行

最后，别忘了爱自己。在这个纷繁复杂的世界里，保持内心的宁静与自我关怀显得尤为重要。照顾好自己的身体，滋养自己的心灵，做自己喜欢的事，成为自己想成为的人。记住，你值得世间所有的美好与温柔。爱自己，是终身浪漫的开始，也是你成长路上最坚实的后盾。

亲爱的你，愿你在成长的路上，不忘初心，勇敢前行。每一次的努力与付出，都是向着更加美好的自己迈进；每一次的成长与蜕变，都是生命中最绚烂的绽放。在这个充满无限可能的世界里，让我们一起用温柔的力量，书写属于自己的精彩篇章。

加油，每一位在成长路上不懈奋斗的女性！你比你想象得更加耀眼！

第1章 智能对话：运用文心一言自动办公

> 温馨提示：
> 因为本书篇幅原因，AI工具回复的内容只展示要点，详细的回复内容，请看随书提供的效果完整文件。

1.2.3 辣酱推广：营销文案的创意设计

文心一言基于先进的自然语言处理和人工智能技术，能够深入理解市场趋势、消费者需求及产品特性，从而生成高度个性化和智能化的营销方案。文心一言可以针对特定目标市场和消费群体进行精准定制，使生成的营销方案更加科学、客观，能够准确反映市场实际情况，有助于新产品在市场中脱颖而出，吸引更多消费者的关注和兴趣。相比传统的人工书写营销文案，使用文心一言生成文案更加高效便捷。

在文心一言中输入相关指令时，用户可以采用问题的形式提出你希望AI回答的内容，例如，"如何写一篇关于辣椒酱的优质营销文案，并且让文案的设计既有创意，又有吸引力"。注意，问题要明确具体，不要太宽泛，避免像"请列举出关于'辣椒酱'的相关知识"这样过于开放式的问题。另外，用户可以使用"如何""为什么"等提问词来构建指令，相关案例内容如下。

👤 提问

如何写一篇关于辣椒酱的优质营销文案，并且让文案的设计既有创意，又有吸引力。

🔷 文心一言

撰写一篇既具创意又充满吸引力的辣椒酱营销文案，关键在于触动消费者的味蕾想象，讲述一个引人入胜的故事，同时巧妙融入产品的独特卖点与情感价值。以下是一个示例文案框架，希望能激发您的灵感：

【辣出新境界，味燃生活火】

在这个平凡无奇的日子里，是时候给你的味蕾来一场说走就走的冒险了！【烈焰之心】辣椒酱，不仅仅是一瓶酱料，它是唤醒感官的魔法钥匙，是平凡餐桌上的不凡英雄。

【开篇：味蕾的呼唤】

想象一下，清晨的第一缕阳光透过窗帘，与一碗热气腾腾的白米饭不期而遇……

【故事构建：匠心独运，辣而不燥】

每一滴【烈焰之心】，都承载着匠人的心血与对完美的追求。我们精选全球优质辣椒，经过精心配比与慢火熬制，只为锁住那份最纯粹的辣意与层次分明的香气……

【行动号召：尝鲜即刻，开启味觉盛宴】

别再让平淡无奇的食物占据你的餐桌！现在就加入【烈焰之心】的味觉革命，让每一口都成为一次全新的探索……

此文案通过构建场景、讲述故事、引发情感共鸣及明确的行动号召，旨在全方位吸引目标消费者的注意，激发其购买欲望。希望这个示例能够为您的辣椒酱营销文案创作提供灵感！

1.2.4　销售培训大纲：PPT 设计的创新思路

无论是企业演示还是学术报告，或者是企业销售部的销售技巧培训内容，PPT 都是常见的展示工具。文心一言能够根据用户提供的主题和内容，设计出既美观又专业的 PPT 幻灯片，包括选择合适的模板、布局和动画效果。

如果用户需要使用文心一言生成一份销售技巧培训的 PPT 主题大纲，在输入指令的时候，我们可以让文心一言充当各式各样的角色，因此，用户在与文心一言对话时，可以先赋予其身份，例如，让文心一言充当一名企业销售部培训师，提供销售技巧培训内容的建议，文心一言会生成更有参考价值的 PPT 主题大纲内容，相关案例如下。

提问

假如你是一位顶级的企业销售部培训师，现在需要你设计一份销售技巧培训的 PPT 课件，请按照以下主题来准备这份 PPT 的主题大纲内容。主题为销售技巧培训，内容包括基本沟通技巧、销售流程与策略、客户分析与跟进、销售谈判与促成交易、客户服务与售后支持和销售心理与情绪管理，要求语言简洁明了，体现专业性。

> **文心一言**
>
> 销售技巧培训 PPT 大纲
>
> 封面页
>
> 标题：销售精英成长之路——销售技巧全面培训
>
> 副标题：解锁成功销售的关键策略与技能
>
> 目录页
>
> 引言：销售的艺术与科学
>
> 基本沟通技巧
>
> 销售流程与策略
>
> 客户分析与跟进
>
> 销售谈判与促成交易
>
> 客户服务与售后支持
>
> 销售心理与情绪管理
>
> 结语与行动计划
>
> ………
>
> 此大纲旨在系统性地提升销售人员的专业技能与心理素质，通过理论与实践相结合的方式，助力其成为销售领域的佼佼者。

1.2.5　特卖活动策划：促销文案的深度创作

文心一言能够基于大数据分析，深入了解目标消费者的购物习惯、偏好及历史行为，从而生成个性化的促销内容和推荐策略，这种精准性有助于提升转化率，让促销信息更准确地触达潜在买家。借助文心一言的创意生成能力，可以设计出新颖独特的促销活动和广告文案，吸引消费者的眼球并激发他们的购买欲望。不同于传统的促销方式，文心一言能带来更加新颖和有趣的互动体验。

在设计指令内容时，我们要追求质量而非数量，尽可能提供详细、准确、具

智慧职场——AI 工具让你轻松成为效率达人

有启发性的信息，以激发文心一言 AI 的创造力。同时，还要避免提供过多的限制性信息，给 AI 留下一定的自由发挥空间，相关案例如下。

提问

请帮我创作一篇主题为"年终特卖"的女鞋促销方案。本次活动的核心目标是吸引年轻消费者、提升销量、增强品牌忠诚度。请结合当前市场趋势、消费者心理及活动主题，策划一个创意十足且有吸引力的促销活动文案。

文心一言

【年终盛宴，悦动足尖——年轻时尚女鞋年终特卖盛典】

【活动主题】："潮流不设限，年终悦享购"

在这个岁末年初的交织时刻，我们深知每一位追求个性与时尚的年轻女性，都渴望以一双双独特的鞋履，踏出新年的第一步。因此，【品牌名】携手潮流，精心筹备了一场前所未有的年终特卖盛宴——"潮流不设限，年终悦享购"，旨在以超值优惠、限量新品、互动体验，为您打造一场专属于年轻女性的时尚狂欢！

【活动亮点】

限时折扣，嗨翻全场：

全场女鞋低至 5 折起，精选爆款更是低至冰点价，让您以最实惠的价格，将心仪美鞋带回家……

【活动时间】：即日起至 ×× 月 ×× 日，限时狂欢，错过等一年！

【参与方式】：

线上：访问【品牌官网/电商平台旗舰店】，搜索"年终特卖"即可进入活动专区。

线下：前往全国各大【品牌名】门店，享受现场试穿与专属服务。

在这个年终，让我们以鞋为媒，连接时尚与梦想，用双脚丈量世界，以时尚定义自我。【品牌名】年终特卖盛典，期待与您共同开启新的一年，悦动足尖，绽放无限可能……

1.2.6 店庆活动：发言稿件的轻松书写

文小言 App 具备强大的自然语言处理能力，能够生成语言优美、表达流畅、逻辑清晰的发言稿，这种高质量的文本有助于提升发言人的专业形象，使听众更容易产生共鸣和认同感。它还能根据企业或店铺的具体背景、行业特色、品牌定位等信息，生成高度个性化的发言稿，这种定制化内容能够更精准地传达企业的理念和愿景，增强发言的针对性和感染力。

用户在文小言 App 中输入指令之前，首先要明确指令的目标，即你想要生成一篇什么类型的发言稿，明确发言稿的主题、字数、语言风格等要求，例如，"请帮我创作一篇高档火锅店店庆活动的发言稿，强调餐厅的高端定位、独特菜品、优越环境及上乘服务。要求字数控制在 500 字左右，语言风格正式而真挚，表达要有艺术感和层次感"，具体操作步骤如下。

▶▶ 步骤1 打开文小言 App，进入"对话"界面，点击下方的输入框，如图 1-15 所示。

▶▶ 步骤2 在输入框中输入相应的指令，采用问题的形式提出要求，如图 1-16 所示。

▶▶ 步骤3 点击右侧的发送按钮 ⑦，便可以得到文小言 App 生成的发言稿，如图 1-17 所示。

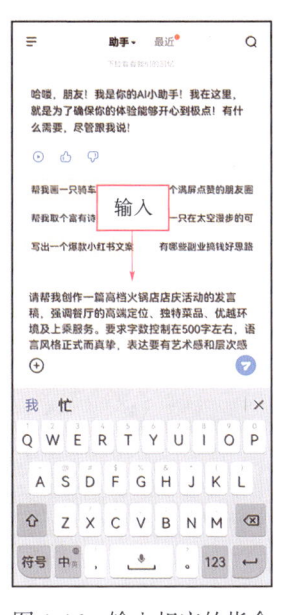

图 1-15 点击下方的输入框　　图 1-16 输入相应的指令　　图 1-17 生成的发言稿

1.2.7 夜景照片：摄影作品的全面解析

文小言 App 能够利用深度学习算法对照片进行智能识别，快速捕捉图像中的关键元素，如人物、景物、色彩、构图等，进而分析照片的主题和内容。相比人工解析，文小言 App 能够更加细致地观察照片中的每一个细节，包括光影变化、色彩搭配、纹理质感等，从而更全面地解析摄影作品，对照片进行多维度的解读和评价。除了技术上的分析，文小言 App 还能以生动、流畅的语言将解析结果呈现出来，使读者能够更直观地感受到照片所传达的信息和情感。

用户在文小言 App 中输入指令的时候，尽量提供具体、详细的细节和信息，以及你希望 AI 从哪些方面来解析摄影作品，如主题、构图、光线、色彩、细节及情感表达等方面，这样可以帮助 AI 更好地理解需求，从而生成更准确、具体的回复。

下面介绍在文小言 App 中解析摄影作品的内容与风格的操作方法。

▶▶ **步骤 1** 打开文小言 App，进入"对话"界面，点击右下角的 ⊕ 按钮，如图 1-18 所示。

▶▶ **步骤 2** 执行操作后，弹出相应面板，在其中选择一张摄影作品，如图 1-19 所示。

▶▶ **步骤 3** 执行操作后，进入相应界面，上方显示了上传的摄影作品，如图 1-20 所示。

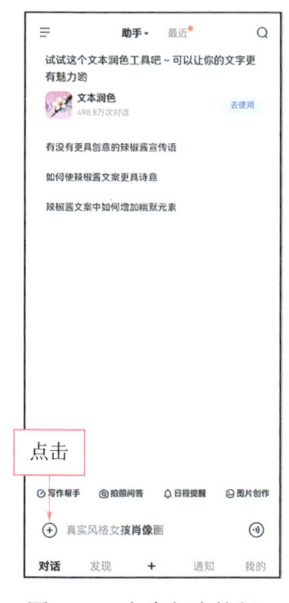

图 1-18　点击相应按钮　　图 1-19　选择一张摄影作品　　图 1-20　显示了上传的作品

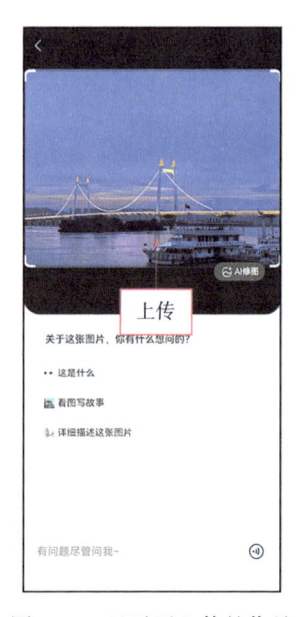

▶▶ **步骤4** 点击下方的输入框,输入相应的指令,点击发送按钮❼,即可得到文小言App对摄影作品的解析结果,相关指令和回复内容如下。

👤 提问

> 请以专业摄影的角度,从艺术、光线、色彩、主题及构图等方面来分析这张夜景摄影作品,帮助摄影新手提升摄影技能,掌握专业的摄影知识。

📘 文心一言

> 从专业摄影的角度来分析这张夜景摄影作品,我们可以从艺术、光线、色彩、主题及构图等几个方面进行深入探讨:
>
> **艺术表现:**
>
> 摄影师巧妙地运用了夜晚的黑暗与桥上的灯光对比,营造出一种独特的宁静与神秘感。这种对比手法不仅增强了画面的吸引力,还使主体——桥和船更加鲜明突出。
>
> 通过夜晚的氛围和灯光的点缀,摄影师成功地传达了一种城市夜景的静谧美,让观者能够感受到夜晚城市的独特魅力。
>
> **光线运用:**
>
> 照片中的光线处理非常细腻,桥上的灯光与船只的暗部形成了鲜明的明暗对比,这种对比不仅增强了画面的立体感,还突出了桥梁的结构细节。
>
> 摄影师通过控制曝光和光线方向,使得桥梁的灯光既不过曝,也不过暗,保持了良好的细节和层次感。
>
> **色彩搭配:**
>
> 蓝色调的天空与白色和金色的桥梁形成了鲜明的色彩对比,这种对比不仅使画面更加生动,还营造出一种平静而幽雅的氛围。
>
> 河流中的倒影与实体景物相互呼应,为画面增添了丰富的色彩层次和视觉深度。
>
> **主题呈现:**
>
> 这张照片的主题非常明确,即展示一个城市的标志性建筑——一座美丽的桥梁。摄影师通过独特的视角和构图技巧,成功地突出了这一主题……

构图技巧：

摄影师采用了对称和平衡的构图方式，将桥梁置于画面的中心位置，而船只则位于下方形成视觉上的呼应……

综上所述，这张夜景摄影作品在艺术、光线、色彩、主题及构图等方面都展现出了专业摄影师的精湛技艺和独特视角。它对于摄影新手来说是一份宝贵的学习资料，可以帮助他们更好地理解并掌握专业摄影的基本要素和技巧。

1.2.8 善良的光芒：作文点评的批量处理

文心一言的批量点评小学生作文功能是一项针对教育领域的人工智能应用，它能够高效地对大量小学生的作文进行自动评估和反馈，可以自动为作文打分，根据预设的评分标准，如语法正确性、拼写准确性、句子结构等。针对每篇作文的特点，AI 可以提供个性化的反馈和建议，帮助学生认识到自己的优势和需要改进的地方。与传统的人工点评相比，AI 点评可以快速处理大量作文，节省了教师的时间。

下面以点评一篇小学生作文为例，讲解在文心一言中点评作文的操作方法，用户在文心一言中输入相关指令时，可以指定 AI 输出的格式要求，可以要求以表格形式回复、指定评阅维度等，以便得到理想的点评效果，具体操作步骤如下。

▶▶ **步骤 1** 打开文心一言的"对话"页面，在输入框的上方单击"文件"按钮，如图 1-21 所示。

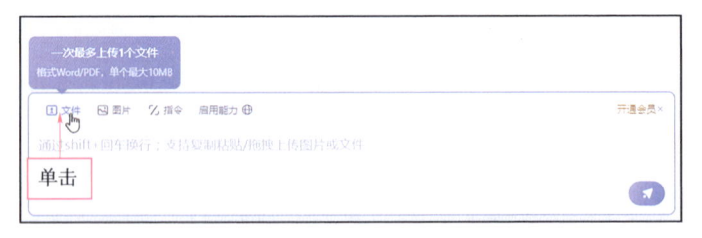

图 1-21 单击"文件"按钮

> **温馨提示：**
> 自文心一言全新升级后，文心大模型 3.5 版本和文心大模型 4.0 版本一次都可以上传多个文件，可以对文件进行批量处理。

第1章 智能对话：运用文心一言自动办公

▶▶ 步骤2 弹出相应面板，单击"点击上传或拖入文档"按钮，弹出"打开"对话框，在其中选择一篇小学生作文，如图1-22所示。另外，如果用户需要批量点评作文，此时也可以在该对话框中一次性选择多个文档内容。

▶▶ 步骤3 单击"打开"按钮，即可上传小学生作文文件，显示在输入框中，如图1-23所示。

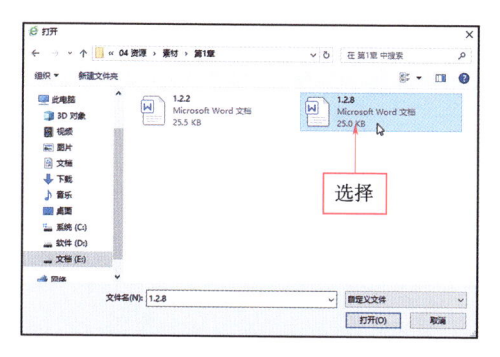

图1-22 选择一篇小学生作文　　　　图1-23 上传的文件显示在输入框中

▶▶ 步骤4 在输入框中输入相应的指令，按【Enter】键确认，即可得到文心一言生成的作文点评回复，相关指令和回复内容如下。

提问

请以六年级作文标准，从主题、结构、语言的维度评阅文档中的学生作文，并分维度以表格形式生成作文评语内容，并根据内容的语法正确性、拼写准确性、句子结构、修辞手法等，给作文评分，评分区间为0~100分。

文心一言

维　度	评语内容
主题	明确且积极：作文围绕"善良的光芒"这一主题展开，通过具体的故事展现了善良的力量和美好，传递了积极向上的价值观，符合六年级学生作文的要求
结构	清晰有序：作文开头引入主题，中间通过具体事例阐述善良的表现及其影响，结尾总结主题并发出呼吁，结构完整，逻辑清晰
语言	生动流畅：语言自然流畅，通过细节描写（如"天空湛蓝如洗，几朵白云悠闲地飘着"）和人物对话（如老爷爷的感激之语），增强了文章的感染力和真实感。修辞手法运用得当，如比喻（善良是人性中最美的花朵）增强了文章的表现力

| 评分 | 90 分 |

这篇作文充分展现了六年级学生的写作能力和善良的品质,是一篇值得肯定的佳作,结合作文内容语法正确性、拼写准确性、句子结构、修辞手法等评分标准,综合评分为 90 分。

温馨提示:

用户如果需要采用文心大模型 3.5 版本进行批量点评作文,也可以按照"第一篇""第二篇"标序的形式,将多篇作文分篇存入一个文件中,并将文件名改为"多少篇小学生作文"。

例如,"3 篇小学生作文",用户在输入指令之前,先说明文件中有 3 篇小学生作文,文心一言可以识别这些作文,并根据指令对文件进行批量点评。

第 2 章
智能办公：运用 Kimi 提升效率

　　Kimi 是由月之暗面科技有限公司精心打造的智能助手，它具备强大的多语言交流能力，能够流畅地进行中英文对话。Kimi 还拥有处理多种文件格式的能力，致力于通过其先进的 AI 技术，简化日常任务，让工作生活更加智能化。本章主要介绍 Kimi 网页版和手机版的界面与功能，并运用 Kimi 进行智能办公，提高工作效率。

智慧职场——AI 工具让你轻松成为效率达人

2.1 Kimi 入门：操作与功能

Kimi 作为一款功能强大的 AI 助手，拥有强大的长文本处理能力，还具备多语言对话、文件阅读、网页内容解析、搜索能力、数学计算和信息整合等多功能特点。

2.1.1 工具介绍：注册与登录

用户运用 Kimi 这一智能助手，有助于提高工作效率。接下来将深入介绍 Kimi 账号的基本操作，特别是如何轻松完成注册与登录的过程。下面将分别介绍 Kimi 网页版和手机版的注册与登录方法。

1. 网页版的注册与登录

如果用户使用的是电脑端的 Kimi 操作平台，可以直接打开浏览器，输入 Kimi 官方网址，即可打开 Kimi 官方网站，然后注册并登录 Kimi 平台，即可使用 Kimi 进行智能办公。

▶▶ 步骤1　在电脑中打开相应的浏览器，输入 Kimi 的官方网址，打开官方网站，单击左侧工具栏中的"登录"按钮，如图 2-1 所示。

图 2-1　单击"登录"按钮

▶▶ 步骤2　弹出相应窗口，在其中输入手机号与验证码等信息，单击"登录"按钮，即可登录 Kimi，用户还可以通过微信扫一扫功能，扫描右侧的二维码进行登录操作，如图 2-2 所示。

第 2 章 智能办公：运用 Kimi 提升效率

图 2-2 扫描右侧的二维码进行登录操作

▶▶ 步骤3 登录 Kimi 后，在左侧工具栏中显示了账号的头像，如图 2-3 所示。

图 2-3 在左侧工具栏中显示了账号的头像

2. 手机版的注册与登录

如果用户使用的是手机版的 Kimi 智能助手，那么可以根据下面的方法进行下载与安装操作。

▶▶ 步骤1 打开手机中的应用商店，点击搜索栏，在搜索文本框中输入 Kimi，点击"搜索"按钮，即可搜索到 Kimi 智能助手 App，点击 Kimi 智能助手 App 右侧的"安装"按钮，如图 2-4 所示。

▶▶ 步骤2 执行操作后，即可开始下载并自动安装 Kimi 智能助手 App，安装完成后，App 右侧显示了"打开"按钮，如图 2-5 所示。

智慧职场——AI 工具让你轻松成为效率达人

图 2-4 点击"安装"按钮　　图 2-5 显示"打开"按钮

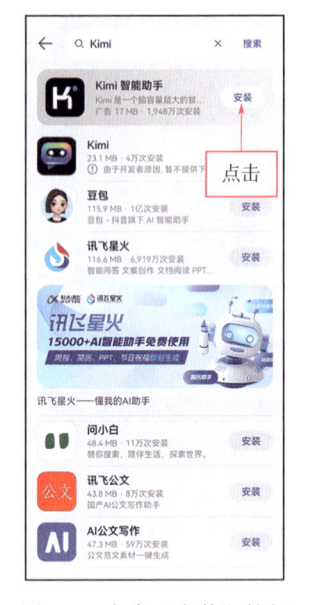

▶▶ 步骤 3　点击"打开"按钮，进入 Kimi 智能助手 App 的欢迎界面，点击"立即体验"按钮，如图 2-6 所示。

▶▶ 步骤 4　弹出"用户服务及隐私协议"面板，在其中可以查阅《用户服务》与《隐私协议》的相关内容，点击"同意"按钮，如图 2-7 所示。

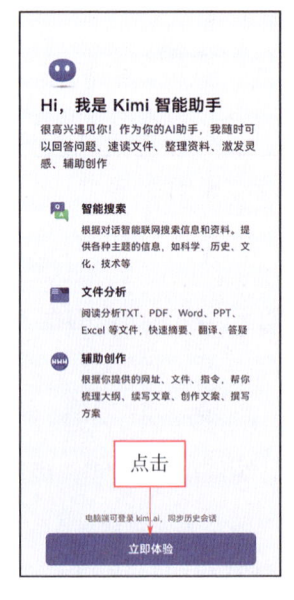

图 2-6 点击"立即体验"按钮　　图 2-7 点击"同意"按钮

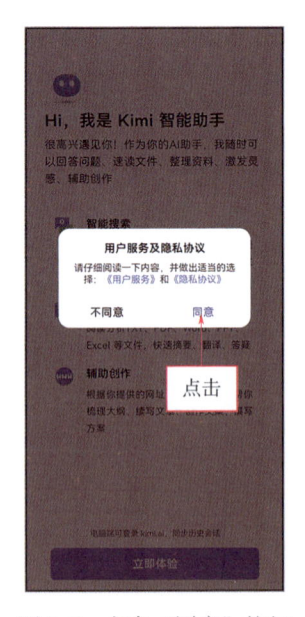

第 2 章 智能办公：运用 Kimi 提升效率

▶▶ 步骤5 进入 Kimi 智能助手界面，点击左上角的 ≡ 按钮，如图 2-8 所示。

▶▶ 步骤6 进入账号登录界面，选中下方的"已阅读同意《天翼账号服务与隐私协议》和《用户服务》和《隐私协议》"复选框，然后点击"本机号码一键登录"按钮，如图 2-9 所示。

▶▶ 步骤7 执行操作后，即可登录 Kimi 智能助手 App，如图 2-10 所示。

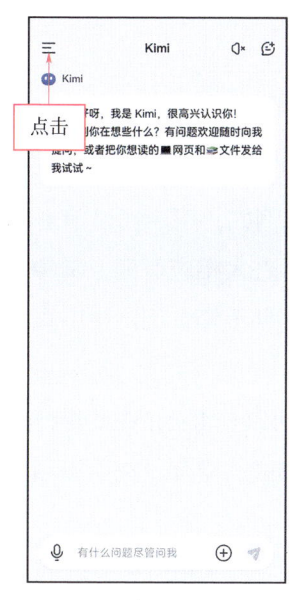

图 2-8　点击左上角的相应按钮

图 2-9　点击相应按钮

图 2-10　登录 Kimi 智能助手 App

2.1.2　界面全览：了解其功能

Kimi 作为一款由月之暗面科技有限公司开发的智能助手，具备多项强大的功能，旨在帮助用户更高效地处理信息、完成任务及提高工作效率。下面介绍 Kimi 网页版与手机版的界面功能。

1. 网页版的页面与功能

Kimi 网页版具备简洁而全面的用户页面，使用户能够轻松上手并高效利用其功能。用户可以通过网页版与 Kimi 进行实时对话，上传文件进行处理，或利用其他高级功能生成相应的文案，其网页页面如图 2-11 所示。

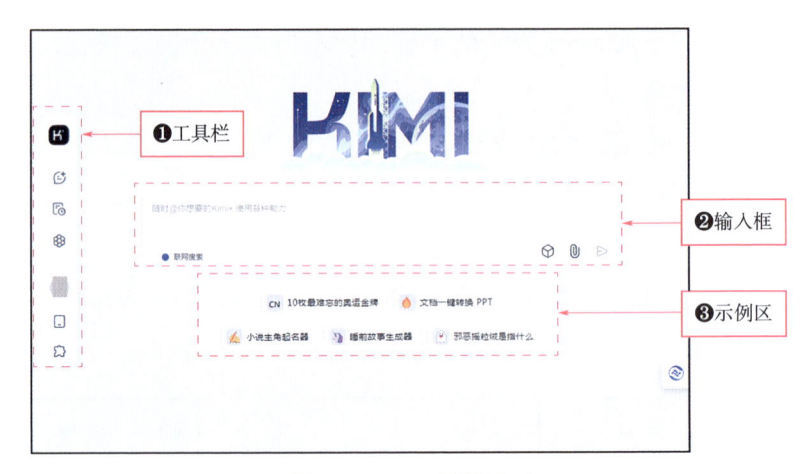

智慧职场——AI 工具让你轻松成为效率达人

图 2-11　Kimi 网页页面

下面对 Kimi 页面中的各主要功能进行相关讲解。

❶ 工具栏：Kimi 左侧的工具栏中提供了多种功能，例如，用户通过单击 [K] 按钮，即可从 Kimi 的任意页面回到首页；单击 [⚙] 按钮，进入相应页面，其中内置了一些封装好的应用，如翻译通、PPT 助手、论文写作助手等，用户可以直接使用这些应用来快速解决特定问题。

❷ 输入框：输入框是一个多功能的交互区域，用户可以与 Kimi 在此进行交流，无论是提问、上传文件、发送链接，还是进行其他形式的交互，都可以通过输入框来实现。

❸ 示例区：该区域中提供了多种会话示例，又被称为"Kimi + 提示词"，可以方便用户快速使用 Kimi 的特定功能。用户可以通过点击这些示例，快速启动 Kimi 的特定服务或功能，无须自己编写详细的指令或提示词。

2. 手机版的界面与功能

Kimi 手机版提供了一个简洁而直观的界面，让用户能够方便地与 Kimi 进行对话和交流。下面以 Kimi 智能助手 App 为例，介绍界面中的各主要功能，如图 2-12 所示。

下面对 Kimi 智能助手 App 界面中的各主要功能进行相关讲解。

❶ 历史会话：当用户登录 Kimi 账号后，点击左上角的 [≡] 按钮，将进入"历史会话"界面，在其中可以查看之前的历史会话。

❷ 会话窗口：这是用户与 Kimi 进行交流的主要区域，用户可以在这个区域中查看自己提出的问题，以及 Kimi 生成的回答和反馈。

第 2 章 智能办公：运用 Kimi 提升效率

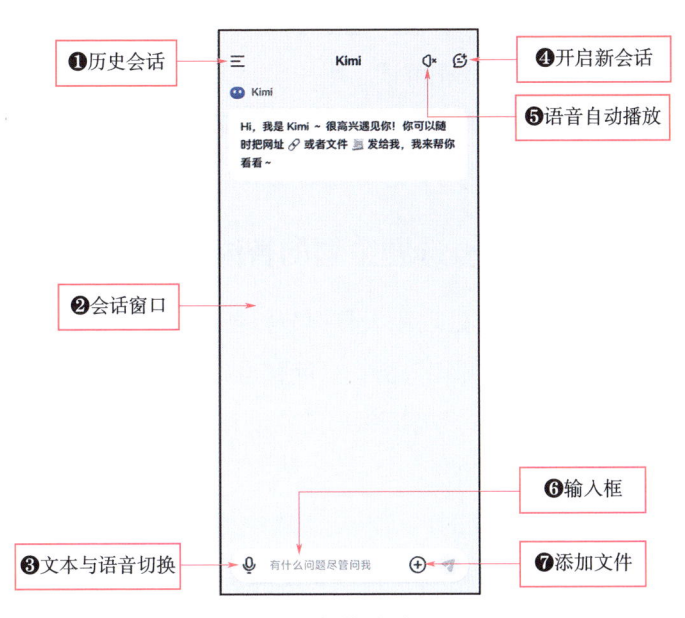

图 2-12 中标注：
- ❶ 历史会话
- ❷ 会话窗口
- ❸ 文本与语音切换
- ❹ 开启新会话
- ❺ 语音自动播放
- ❻ 输入框
- ❼ 添加文件

图 2-12　Kimi 智能助手 App 界面

❸ 文本与语音切换：点击 🎤 按钮，用户可以在输入方式之间进行切换，可以选择语音输入或者文本输入。

❹ 开启新会话：点击按钮 🔄，即可开启新会话，该功能允许用户与 Kimi 开始一个新的对话或交互过程。用户在使用 App 时，如果需要解决一个与之前不同的问题或任务，可以启动一个全新的对话，而不必继续在旧的对话上下文中进行。

❺ 语音自动播放：点击界面上方的 🔊 按钮，可以设置是否使用语音自动播放 Kimi 生成的内容回复。

❻ 输入框：点击输入框，用户可以在其中输入问题或指令，Kimi 支持多种语言的对话，尤其是中文和英文。

❼ 添加文件：点击 ⊕ 按钮，用户可以上传 txt、PDF、Word 文档、PPT 幻灯片、Excel 电子表格等格式的文件，Kimi 可以阅读这些文件内容后回复用户。

2.2　办公效率提升：Kimi 的应用

Kimi 具备智能写作功能，可以帮助用户梳理大纲、续写文章、创作文案等，并且支持多种文件格式的解析，用户通过上传文件，Kimi 会阅读并理解文件内容，然后对关键信息进行提取和解读。用户学会 Kimi 的应用，可以促使办公效率大幅提升。本节主要介绍 Kimi 网页版和手机版的常用功能，帮助用户在选题策划、数据处理及人力资源管理等方面提高效率。

2.2.1 人物专访图书：选题策划的智能辅助

Kimi 能够利用自然语言处理和大数据分析技术，对大量书籍信息、市场趋势、读者兴趣等进行深度挖掘和分析，从而精准定位图书选题方向。Kimi 具备跨领域的知识整合能力，可以将不同领域的知识和观点融合在一起，为图书选题策划提供新颖独特的视角和思路。

用户在 Kimi 中输入指令时，可以使用肯定的语言，最大限度地激发 AI 的正面回应，提高指令的有效性，从而让 AI 生成更符合要求的目录大纲，下面介绍具体的操作方法。

▶▶ 步骤 1　在电脑中打开相应的浏览器，输入 Kimi 的官方网址，打开官方网站，在中间的输入框中输入相关指令"你非常擅长图书的选题策划，拥有 23 年的选题策划经验，现在请你生成一篇关于'人物专访'选题的目录大纲"，如图 2-13 所示。

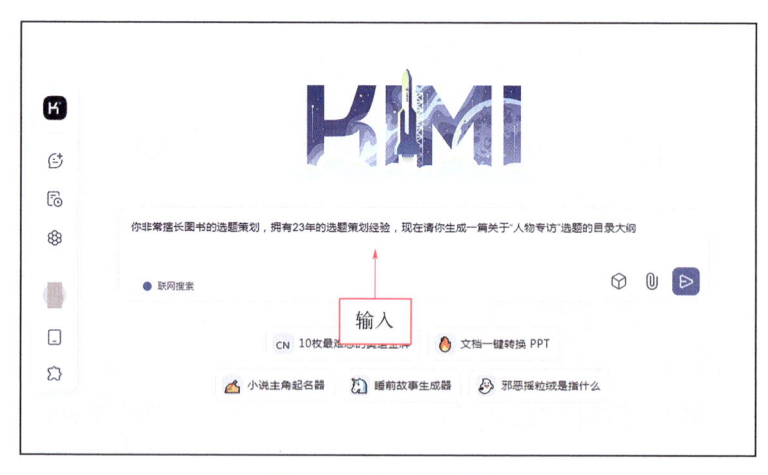

图 2-13　输入相关指令

▶▶ 步骤 2　单击右侧的发送按钮，即可得到 Kimi 生成的《人物专访：深度对话与灵魂碰撞》目录大纲，如图 2-14 所示。

第 2 章 智能办公：运用 Kimi 提升效率

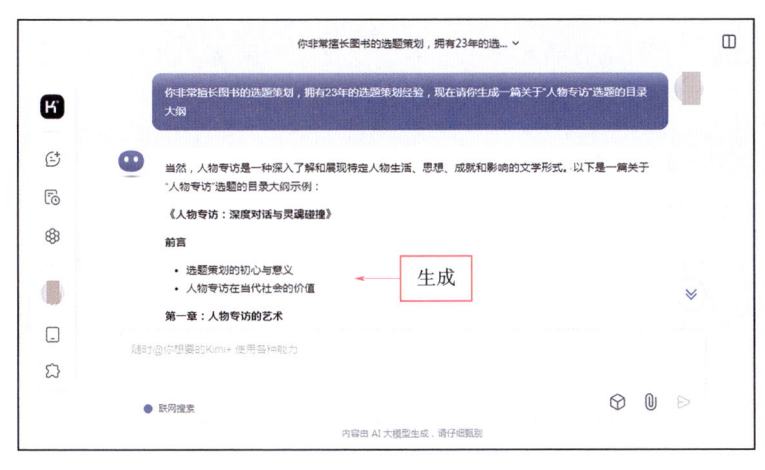

图 2-14 Kimi 生成的《人物专访：深度对话与灵魂碰撞》目录大纲

2.2.2 儿童文具项目：工作总结的智能撰写

Kimi 能够快速处理大量信息，自动化撰写过程大大缩短了传统手动撰写总结所需的时间，让营销人员有更多时间专注于其他重要工作。Kimi 可以基于预设的模板和规则，确保总结内容的准确性和一致性，还能利用自然语言处理和数据分析技术，对营销工作的数据进行深度挖掘和分析。通过分析，Kimi 能够发现营销工作中的规律和趋势，为未来的工作提供有价值的建议。

在编写相关指令时，用户要提出撰写项目总结的要点和要求，使 Kimi 生成的项目工作总结要素齐全，结构清晰、重点突出，相关案例如下。

提问

请撰写一份营销岗位的项目工作总结，要求简要概述在"儿童文具"项目中，营销工作的主要内容和完成情况，突出展示主要成就和亮点，并附上数据或案例支持，让工作总结更有说服力。

Kimi

儿童文具项目营销工作总结

尊敬的团队成员及管理层：

在过去的一年中，我们的营销团队在"儿童文具"项目上取得了显著的成绩。以下是我们工作的主要内容和完成情况的概述,以及我们的主要成就和亮点。

一、项目概述

"儿童文具"项目旨在为6至12岁的儿童提供创新、安全、有趣的学习工具。我们的产品线包括彩色铅笔、水彩笔、橡皮泥、益智玩具等,旨在激发孩子们的创造力和学习兴趣。

二、营销策略

1. 市场调研:我们进行了深入的市场调研,了解目标客户群的需求和偏好。

2. 产品定位:根据调研结果,我们对产品进行了精准定位,确保每一款产品都能满足特定年龄段儿童的需求。

3. 品牌建设:通过社交媒体、电视广告和线下活动,我们成功塑造了品牌形象,提升了品牌知名度。

4. 渠道拓展:我们与多家零售商建立了合作关系,扩大了产品的销售渠道。

5. 促销活动:举办了多次促销活动,包括节日打折、买赠活动等,有效提升了销量。

三、主要成就

1. 销售增长:与去年同期相比,我们的销售额增长了35%,达到了预期目标。

2. 市场占有率:我们的市场占有率从5%提升至8%,成为行业内的主要竞争者之一。

3. 客户反馈:根据客户反馈调查,我们的客户满意度达到了90%,远高于行业平均水平。

四、亮点案例

1. 社交媒体营销:我们通过一系列创意视频和互动活动,在社交媒体上吸引了超过100万的观看量和20万的互动量,有效提升了品牌曝光度。

2. 节日促销活动:在儿童节期间,我们推出的"快乐学习礼包"促销活动,一周内销量突破了10万套,创造了单日销售额的历史新高。

五、数据支持

销售额同比增长：35%

市场占有率提升：3个百分点

客户满意度：90%

社交媒体观看量：100万+

社交媒体互动量：20万+

节日促销活动销量：10万套

……………

2.2.3 婚前必读文案：爆款文案的极速生成

传统的今日头条文案创作需要耗费大量时间和精力进行构思和撰写，而Kimi的一键生成功能，能在短时间内快速产出高质量的文案内容，极大地节省了用户的时间成本。Kimi利用先进的自然语言处理技术和深度学习算法，能够智能分析用户输入的关键词、主题或需求，并据此生成符合今日头条平台风格和用户喜好的爆款文案。

Kimi生成的文案不仅符合今日头条的推荐算法，还具备较高的阅读性和传播性，通过智能分析和优化，确保文案内容新颖、有吸引力，能够引发用户的兴趣和共鸣。用户在编写指令的时候，要明确文案的主题，使Kimi生成的文案更加符合要求，相关案例如下。

提问

请生成一篇今日头条爆款文案，主题为"婚前必懂的10个道理"。要求文案和标题都符合今日头条平台风格，要有创意，贴合今日头条的爆款文案风格，且确保文案吸引人、能提供价值、有情感共鸣。

Kimi

标题：【婚前必读】揭秘婚姻长久的十大金律，让你的爱情不再迷茫！

正文：

爱情是甜蜜的，婚姻是神圣的。但在步入婚姻的殿堂前，你真的准备好了吗？今天，就让我们一起来探索那些婚前必懂的10个道理，让你的婚姻生活更加美满和谐！

　　1. 沟通是金：在婚姻中，没有什么比真诚沟通更重要。学会倾听，学会表达，让彼此的心声成为婚姻的桥梁。

　　2. 信任是基石：信任是婚姻的基石，没有信任的婚姻就像没有地基的高楼，随时可能倒塌。

　　3. 尊重是底线：尊重对方，尊重对方的选择和决定，是婚姻中最基本的礼貌。

　　4. 独立是魅力：保持独立，无论是经济上还是精神上，这样的你更具吸引力。

　　5. 包容是智慧：学会包容对方的小缺点，因为没有人是完美的。

　　6. 浪漫是调味剂：婚姻生活需要浪漫来调味，不要忘记偶尔给彼此一些小惊喜。

　　7. 共同成长：婚姻是两个人的共同成长，携手面对生活的挑战，共同进步。

　　8. 家庭是港湾：把家打造成一个温暖的港湾，无论外面风浪多大，家总是最安全的避风港。

　　9. 健康是本钱：身体是革命的本钱，健康的身体是婚姻长久的保障。

　　10. 感恩是美德：学会感恩，感谢对方在生命中的出现，让每一天都充满阳光。

　　结婚不是终点，而是一个新的开始。这10个道理，希望能成为你们婚姻路上的指南针，引领你们走向更加幸福美满的未来。记得，爱情需要经营，婚姻需要智慧。让我们一起努力，让爱永恒！

　　#婚前必懂 #婚姻智慧 #爱情经营 #幸福秘诀

2.2.4　员工工资表：核心数据的自动获取

　　使用Kimi提取工资表数据可以显著减少人力资源部门的工作量，降低企业在工资数据处理方面的人工成本。Kimi支持对特定部分员工的工资表数据进行

第 2 章 智能办公：运用 Kimi 提升效率

提取，用户可以根据需要选择需要处理的数据范围，实现灵活的数据处理。整个过程无须人工干预，Kimi 能够自动完成从识别到提取的全过程，实现了工资表数据处理的自动化。

在 Kimi 中输入指令时，用户首先需要上传一份员工工资表，然后向 Kimi 提出具体的要求，使 Kimi 根据用户的要求来提取工资表数据，具体操作步骤如下。

▶▶ 步骤 1 打开 Kimi 官方网站，在输入框的右侧单击 按钮，如图 2-15 所示。

图 2-15 单击相应按钮

▶▶ 步骤 2 弹出"打开"对话框，在其中选择需要上传的 Excel 数据文件，如图 2-16 所示。

▶▶ 步骤 3 单击"打开"按钮，即可上传 Excel 数据文件，并显示在输入框的下方，如图 2-17 所示。

图 2-16 选择 Excel 数据文件

图 2-17 显示在输入框的下方

▶▶ 步骤4　在输入框中输入相应的指令"Kimi，请提取这份工资表中项目提成低于2000的员工具体信息，并以表格的形式回复"，然后单击右侧的发送按钮，便可以得到Kimi提取的员工工资表数据，如图2-18所示。

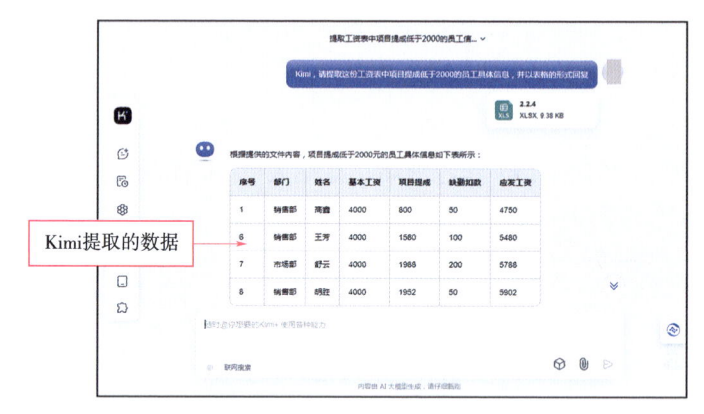

图2-18　Kimi提取的员工工资表数据

> 温馨提示：
> 在Kimi中上传员工工资表数据时，不仅可以上传一个Excel数据文件，还可以一次性上传多个Excel数据文件，最多支持50个文件，每个文件100MB以内。

2.2.5　市场部经理合同：方案设计的快速起草

Kimi能够基于企业的具体情况和劳动法律法规，进行智能化分析，识别出建立劳动关系的合法性和合理性，它能够自动收集、整理和分析相关案例、法律条文和判例，为方案提供准确的法律依据。Kimi还可以针对不同员工的具体情况（如工作经验等），生成个性化的劳动合同。

用户在Kimi中编写指令时，要求抓住问题的核心和关键点，并将其融入指令中，确保指令清晰、具体，并包含所有必要的信息，这类提问方式有很好的目标指向性，以便Kimi能够生成一个准确和合法的劳动合同，相关案例如下。

提问

> Kimi，请根据以下信息为我起草一份劳动合同：服务型企业，规模200人左右，市场部经理，请确保方案符合当前的劳动法律法规，应考虑到员工的权益保护，并列出相关法律条文。

> 根据您提供的信息和搜索结果,以下是一份符合当前劳动法律法规的服务型企业市场部经理的劳动合同草案。请注意,这只是一个基本框架,具体条款可能需要根据企业具体情况和当地法律法规进行调整。
>
> 劳动合同书
>
> 甲方(用人单位)名称:_____
>
> 地址:_____
>
> 法定代表人(主要负责人):_____
>
> 乙方(劳动者)姓名:_____
>
> 身份证号码:_____
>
> 住址:_____
>
> 根据《中华人民共和国劳动合同法》,为明确甲乙双方的权利义务,保护双方的合法权益,经双方协商一致,签订本合同,并共同遵守。
>
> 一、合同期限
>
> 本合同为固定期限劳动合同,自_____年_____月_____日起至_____年_____月_____日止。其中试用期为_____个月,自_____年_____月_____日起至_____年_____月_____日止。
>
> ....

2.2.6　小红书推广项目:奖金方案的独特策划

使用 Kimi 设计一份新项目的奖金方案时,可以充分利用其智能化、数据分析及自动化处理的能力,为奖金方案提供准确的业绩指标和市场趋势分析。根据公司的具体项目特点和团队需求,Kimi 可以设计个性化的奖金方案,确保方案的适用性和有效性,设计公平、透明的奖金分配机制,确保每位员工的努力都能得到公正的回报。

在设计奖金方案时,奖金计算公式可以灵活设置,考虑业绩达成率、个人贡献度、团队合作等多个维度。用户在编写指令的时候,要提出奖金方案的设计要求,确保奖金方案能够激发业务团队的热情,具体操作步骤如下。

智慧职场——AI 工具让你轻松成为效率达人

▶▶ 步骤1　打开 Kimi 智能助手 App，进入会话界面，点击下方的输入框，如图 2-19 所示。

▶▶ 步骤2　选择一种合适的输入法，输入指令"请为我设计一份针对新项目'小红书推广'的奖金方案。要求奖金分配应体现公平性，确保每位员工的努力都能得到相应的回报。结合公司实际情况及市场趋势，设计一份既具激励性又合理的新项目奖金方案"，如图 2-20 所示。

▶▶ 步骤3　点击右侧的发送按钮，便可以得到 Kimi 生成的新项目奖金，如图 2-21 所示。

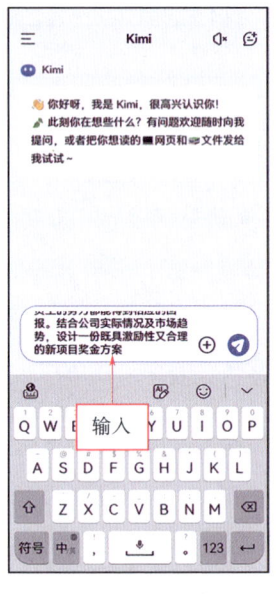

图 2-19　点击下方的输入框　　图 2-20　输入相应的指令　　图 2-21　生成新项目奖金

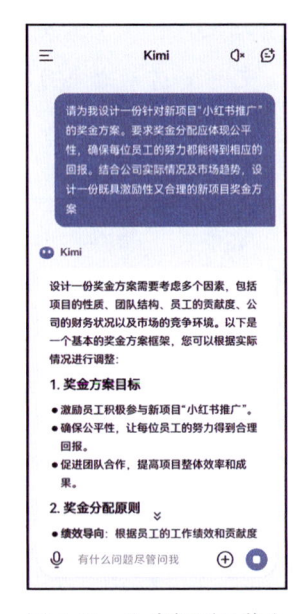

2.2.7　销售经理简历：优秀人才的精准筛选

Kimi 能够快速处理大量数据，通过自然语言处理技术，可以在短时间内从十几份甚至更多的简历中筛选出符合特定条件的候选人，这种高效性极大地节省了企业中 HR 或其他招聘人员的时间和精力。Kimi 基于先进的机器学习算法，能够准确理解招聘需求，并根据这些需求精确匹配简历中的信息，这样减少了人为筛选过程中可能出现的误判和遗漏，提高了筛选的准确性。

第 2 章 智能办公：运用 Kimi 提升效率

下面以 Kimi 从多份简历中快速筛选出优秀人才为例，讲解快速筛选出优秀人才的方法，具体操作步骤如下。

▶▶ 步骤 1　打开 Kimi 智能助手 App，进入会话界面，点击下方输入框中的按钮⊕，如图 2-22 所示。

▶▶ 步骤 2　执行操作后，弹出相应的面板，点击"本地文件"按钮，如图 2-23 所示。

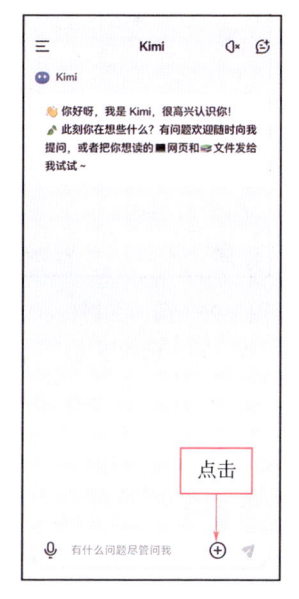

图 2-22　点击下方的输入框中的相应按钮　　图 2-23　点击"本地文件"按钮

▶▶ 步骤 3　打开文件，在其中长按并多选需要上传的个人简历文档，点击"选择"按钮，如图 2-24 所示。

▶▶ 步骤 4　执行操作后，即可成功上传个人简历文档，并且显示在输入框的下方，如图 2-25 所示。

▶▶ 步骤 5　在输入框中输入相应的指令，点击右侧的发送●按钮，便可以得到 Kimi 回复的简历筛选结果，相关指令和回复内容如下。

👤 提问

请从以上多份个人简历中筛选出适合公司销售经理岗位的简历，要求 5 年以上销售岗位工作经验。

智慧职场——AI 工具让你轻松成为效率达人

图 2-24　点击"选择"按钮

图 2-25　简历文档显示在输入框的下方

Kimi

　　根据提供的 3 份简历内容，我们可以分析每位候选人的工作经验是否满足 5 年以上销售岗位的要求：

　　1. 张伟的简历显示，他从 2015 年 7 月开始担任初级销售顾问，至 2019 年 3 月成为销售经理，至 2024 年 8 月已经有 5 年多的工作经验，满足条件。

　　2. 赵明的简历显示，他从 2017 年 3 月开始担任销售协调员，至 2020 年 5 月成为高级销售代表，至 2024 年 8 月已经有 4 年多的工作经验，不满足 5 年以上的要求。

　　3. 李娜的简历显示，她从 2018 年 3 月开始担任销售助理，至 2021 年 4 月成为销售主管，至 2024 年 8 月已经有 3 年多的工作经验，同样不满足 5 年以上的要求。

　　根据上述分析，只有张伟的简历符合公司销售经理岗位要求的 5 年以上销售岗位工作经验的条件。

2.2.8 罗马假日：观影好评的创意生成

Kimi 能够根据用户提供的指令、网页链接或具体信息，智能生成个性化的电影评价。这意味着用户无须手动撰写，只需提供少量线索，Kimi 即可完成高质量的文案创作。Kimi 在生成好评时，能够融入丰富的情感表达，使评价显得真诚且富有感染力，这有助于提升评价的吸引力和可信度，让其他潜在顾客更容易产生共鸣。

相比手动撰写好评，使用 Kimi 生成评价可以大大节省时间和精力，用户只需简单输入相关信息，Kimi 即可迅速生成一篇完整的好评，提高了用户的工作效率。在编写指令的时候，用户可以给 AI 提供一些示例和引导，从而帮助 AI 更好地理解需求。例如，用户可以在指令中提供一些关键词或短语，或者描述一个场景或故事，让 Kimi 生成更具个性化的观影好评。在 Kimi 智能助手 App 的会话界面中输入相应的指令，点击右侧的发送按钮，即可获取 Kimi 生成的观影好评，相关案例如下。

提问

Kimi，请帮我生成一份电影《罗马假日》的观影好评。

Kimi

《罗马假日》是一部令人难忘的经典影片，以其独特的魅力和深刻的主题，赢得了全球观众的喜爱。以下是一份观影好评。

《罗马假日》：一段梦幻般的浪漫旅程

《罗马假日》是一部充满浪漫与冒险的电影，讲述了一位公主在罗马度过的一段短暂而难忘的时光。这部电影以其美丽的场景、动人的故事和深刻的主题，成为电影史上的一块瑰宝。

一、视觉的盛宴：罗马的美景与电影的摄影艺术

电影的摄影艺术堪称一绝，将罗马的古老街道、宏伟的古迹和迷人的喷泉完美地呈现在观众面前。这些场景不仅为影片增添了浓厚的艺术气息，也成为故事发生的背景，与角色的情感变化相互呼应。

二、角色的魅力：公主与记者的邂逅

影片中的公主角色以其优雅的气质和对自由的渴望，成为一个令人难忘的形象。她逃离了宫廷的束缚，与一位记者相遇并共度了一段美好时光。记者角色则以其幽默和机智，为影片增添了不少笑料。

三、剧情的深度：自由与责任的探讨

《罗马假日》的剧情虽然简单，但却不乏深度。公主与记者的邂逅，不仅是一段浪漫的旅程，更是对自由与责任的深刻探讨。公主最终选择回归职责，展现了她对责任的理解和承担。

……

第 3 章
智能升级:运用 WPS AI 高效办公

WPS AI 作为金山办公匠心独运的创新之作,引领着中国协同办公领域迈向类 ChatGPT 的新时代,并且深度融合了大语言模型的先进技术,它通过生成式 AI 技术提高了用户在职场办公和文档处理等方面的工作效率。本章将详细介绍 WPS AI 的主要功能与操作技巧,并对其运用进行了详细的案例分析,让用户办公更加高效。

智慧职场——AI 工具让你轻松成为效率达人

3.1　WPS AI 初探：操作与功能

　　WPS AI 是非常实用的 AI 办公助手，可以通过自然语言处理技术，自动识别、分析和处理数据，理解用户的意图和需求，提供个性化的解决方案。WPS AI 提供了全面的应用渠道，包括网页端、电脑桌面应用软件及手机 App，让用户可以在不同的设备上灵活使用，享受智能化的办公体验。本节主要介绍打开并登录 WPS AI 平台，并对其操作界面的主要功能进行讲解，帮助用户更好地掌握 WPS AI 的强大功能。

3.1.1　工具介绍：注册与登录

　　WPS AI 可根据用户的需求，自动生成文档、表格、幻灯片等各类办公文件。用户只需简单描述或输入关键词，WPS AI 即可提供丰富的模板和素材，帮助用户快速完成工作。用户在使用 WPS AI 进行智能办公之前，首先需要注册并登录 WPS AI 平台，注册并登录 WPS AI 网页版和手机版的操作步骤如下。

1. 网页版的注册与登录

　　网页版 WPS AI 的注册与登录具体操作步骤如下。

　　▶▶ 步骤 1　在电脑中打开相应的浏览器，输入 WPS AI 的官方网址，打开官方网站，单击右上角的"登录"按钮，如图 3-1 所示。

图 3-1　单击右上角的"登录"按钮

第3章　智能升级：运用 WPS AI 高效办公

▶▶ 步骤2　执行操作后，进入"微信扫码登录"页面，如图 3-2 所示，用手机打开微信中的扫一扫功能，扫描图片中的二维码。

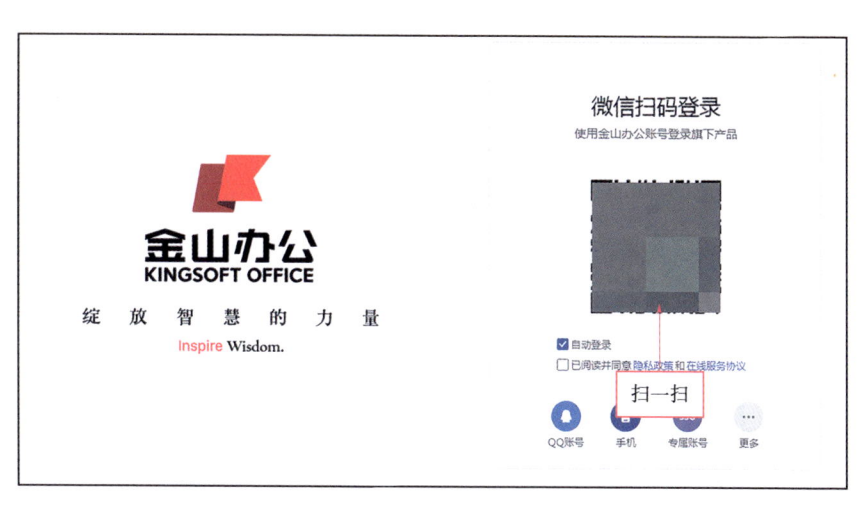

图 3-2　进入"微信扫码登录"页面

▶▶ 步骤3　扫码登录成功后，在页面中弹出相应窗口，要求用户绑定手机号，如图 3-3 所示。

▶▶ 步骤4　输入相应的手机号码与验证码，单击"立即绑定"按钮，即可绑定手机号并登录 WPS AI，页面中将弹出相应窗口，提示用户获得 15 天的 AI 会员，如图 3-4 所示，单击"知道了"按钮，即可使用 WPS AI 的会员功能。

图 3-3　要求用户绑定手机号　　　图 3-4　提示用户获得 15 天的 AI 会员

2. 手机版的注册与登录

WPS AI 手机版的界面设计简洁而清爽，为用户提供了良好的使用体验。下面详细介绍 WPS AI 手机版的注册与登录流程，帮助用户轻松上手这一智慧办公助手。

▶▶ 步骤1　打开手机中的应用商店，点击搜索栏，在搜索文本框中输入 WPS Office，点击"搜索"按钮，即可搜索到 WPS Office App，点击 App 右侧的"安装"按钮，如图 3-5 所示。

▶▶ 步骤2　执行操作后，即可开始下载并自动安装 WPS Office App，安装完成后，App 右侧显示"打开"按钮，如图 3-6 所示。

图 3-5　点击"安装"按钮　　图 3-6　显示"打开"按钮

▶▶ 步骤3　点击"打开"按钮，进入 WPS Office App 的相关协议界面，在下方点击"同意"按钮，如图 3-7 所示。

▶▶ 步骤4　进入账号登录界面，选中底部的"我已阅读并同意《金山办公在线服务协议》和《WPS 隐私政策》"复选框，点击"微信登录"按钮，如图 3-8 所示。用户也可以通过手机号登录的方式，完成账号登录。此外，用户还可以在界面中点击"其他登录方式"按钮，选择更多登录方式进行登录。

▶▶ 步骤5　执行操作后，即可注册并登录 WPS Office App，如图 3-9 所示。

第 3 章 智能升级:运用 WPS AI 高效办公

图 3-7 点击"同意"按钮

图 3-8 点击"微信登录"按钮

图 3-9 注册并登录 WPS Office App

3.1.2 界面全览:了解其功能

WPS AI 是一款集成了先进人工智能技术的办公软件,通过其丰富的功能,帮助用户更高效地处理文档、演示文稿等,提高工作效率。下面对 WPS AI 网页版与手机版 WPS Office 上的主要界面功能进行介绍。

1. 网页版的页面与功能

WPS AI 的网页页面采用简洁明了的布局,这种简洁的布局设计有助于用户快速定位所需功能,提高工作效率。WPS AI 页面中的各主要功能如图 3-10 所示。

下面对 WPS AI 页面中的各主要功能进行相关讲解。

❶ 菜单栏:位于页面顶部,包括"首页""功能介绍""体验教程""交流社区"4 个菜单,单击相应的菜单项,可以展开相应的功能,或打开相应的页面。单击"功能介绍"菜单,在弹出的菜单列表中可以使用 WPS AI 的常用功能。

❷ 输入框:在输入框中可以输入关键词或描述,向 WPS AI 提出问题、请求帮助、发起对话或下达指令,这是用户与 WPS AI 进行互动的主要方式之一。

智慧职场——AI 工具让你轻松成为效率达人

图 3-10　WPS AI 页面

❸ AI 帮我写：这是一个强大的智能写作辅助工具，它基于人工智能技术，为用户提供了一系列便捷的写作支持功能，涵盖 PPT 大纲、工作周报、工作汇报、心得体会等多种类型，用户可以根据需要选择合适的模板进行编辑和使用。

❹ 创建文档：在输入框中输入相关内容后，单击"创建文档"按钮，可以快速创建或生成用户想要的文档内容。

❺ AI 帮我改：在该区域中，为用户提供了一系列便捷的文本修改和优化服务，AI 会智能分析文本内容，提供润色建议，使文本表达更加准确、流畅。

2. 手机版的界面与功能

WPS AI 提供了一个集成在 WPS Office App 中的智能界面，通过其丰富的功能帮助用户更高效地处理文档、演示文稿等，可以提高用户的办公效率和创作体验。打开 WPS Office App，即可进入"首页"界面，点击右下角的按钮，弹出相应面板，在其中通过新建相应的文件，可以使用 AI 功能提高办公效率，如图 3-11 所示。

下面对 WPS Office App 界面中的各主要功能进行相关讲解。

❶ 搜索框：WPS Office App 中的搜索框功能非常强大且实用，它主要支持在文档内进行关键字搜索、全文检索及云文档搜索等多种操作，为用户提供了便捷的体验，无论是查找文档内的关键字还是搜索云端保存的文档内容，都能轻松实现。

第 3 章　智能升级：运用 WPS AI 高效办公

❶ 搜索框
❷ 快速创作
❸ Office 文档
❹ 在线文档
❺ 应用服务

图 3-11　WPS Office App 界面

❷ 快速创作：WPS Office App 通过整合常用工具到"快速创作"模块，使用户能够更快捷地找到并使用所需功能，包括语音速记、拍照扫描、从模板新建、写简历等。

❸ Office 文档：Office 文档为用户提供了便捷高效的文档创建和编辑体验，它涵盖文字处理、演示文稿、电子表格及 PDF 文档等多种类型，满足了用户在不同场景下的办公需求，用户可以根据办公需求自行选择文档的类型。

❹ 在线文档：WPS Office App 中的在线文档功能极为全面，特别是智能文档、智能表格和智能表单的引入，极大地提升了用户在移动办公中的效率和体验。

❺ 应用服务：WPS Office App 的应用服务功能十分丰富多样，包含"多维表格""思维导图""设计""超级 PPT"等应用，用户可以通过这些功能实现更高效、更便捷的办公体验。

3.2　办公任务的智能处理

WPS AI 能够根据用户输入的关键词、主题或简短描述，自动生成通知文档、活动邀请函、合同文件及财务报表等，帮助用户快速搭建起文档的基本框架，为用户提供更加高效、便捷和个性化的办公体验。本节将介绍使用 WPS AI 网页版和 WPS Office App 提高工作效率的操作方法。

3.2.1 红酒项目：PPT 演示的智能创作

PPT 商业计划书是一种常用于展示商业想法、策略和计划的演示文档，通过视觉元素（如图表、图像和文字）清晰地展示商业计划的各个方面，向潜在投资者展示企业的愿景、市场机会和盈利潜力，增加他们的兴趣和信心。在企业内部，PPT 商业计划书可以作为沟通工具，帮助团队成员理解公司的战略方向和目标。

下面介绍使用 WPS AI 网页版一键生成 PPT 商业计划书的操作方法。

▶▶ 步骤1 打开 WPS AI 的"首页"页面，向下滑动鼠标中间的滚轮，或者长按并向下滑动页面右侧的上下滑动条，如图 3-12 所示。

图 3-12 滑动上下滑动条

> 温馨提示：
> PPT 商业计划书中包含市场调研部分，可以详细展示创业者对目标市场的深入了解，包括市场规模、竞争对手分析、潜在客户群体等，从而证明商业计划的可行性。

▶▶ 步骤2 执行操作后，进入"AI 生成 PPT"界面，输入幻灯片主题"红酒项目商业计划书"，单击"生成 PPT"按钮，如图 3-13 所示。

▶▶ 步骤3 执行操作后，即可开始生成红酒项目商业计划书，显示生成进度，如图 3-14 所示。

▶▶ 步骤4 稍等片刻，即可生成一份详细的红酒项目商业计划书，单击"挑选模板"按钮，如图 3-15 所示。

▶▶ 步骤5 执行操作后，弹出"选择幻灯片模板"面板，在其中选择一个自己喜欢的商务主题模板，如图 3-16 所示。

第 3 章　智能升级：运用 WPS AI 高效办公

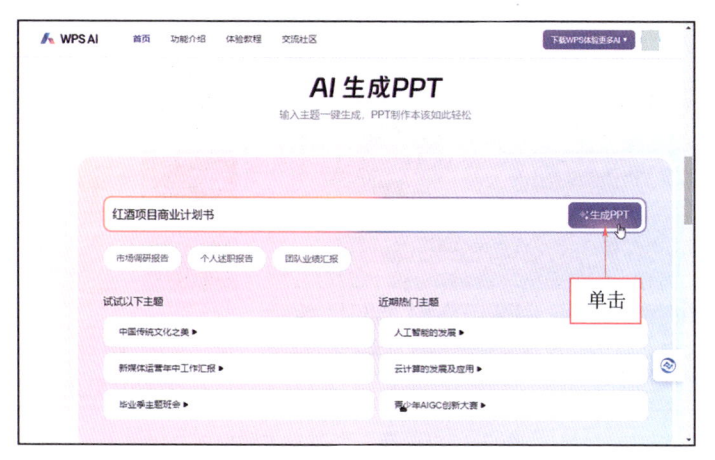

图 3-13　单击"生成 PPT"按钮

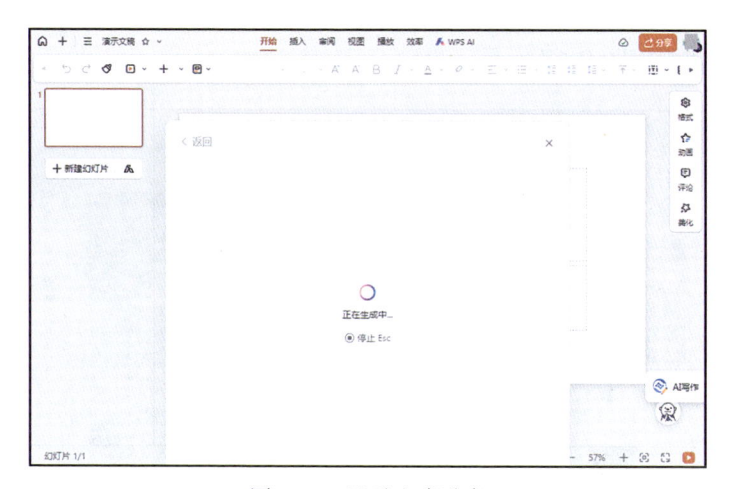

图 3-14　显示生成进度

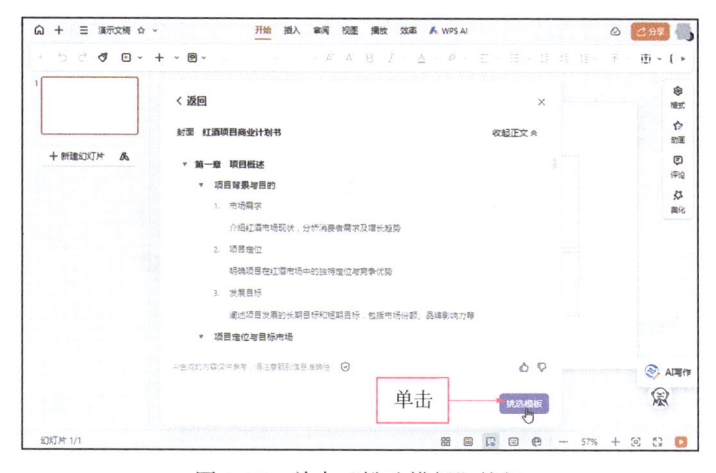

图 3-15　单击"挑选模板"按钮

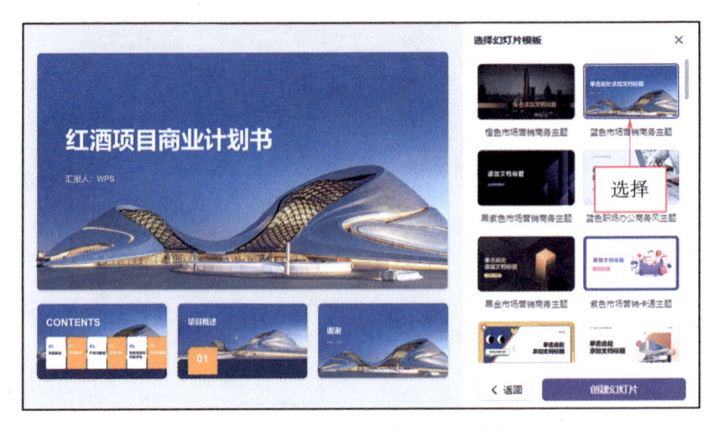

图 3-16　选择一个商务主题模板

▶▶ **步骤6**　单击"创建幻灯片"按钮，即可生成一份 PPT 红酒项目商业计划书，部分效果如图 3-17 所示。

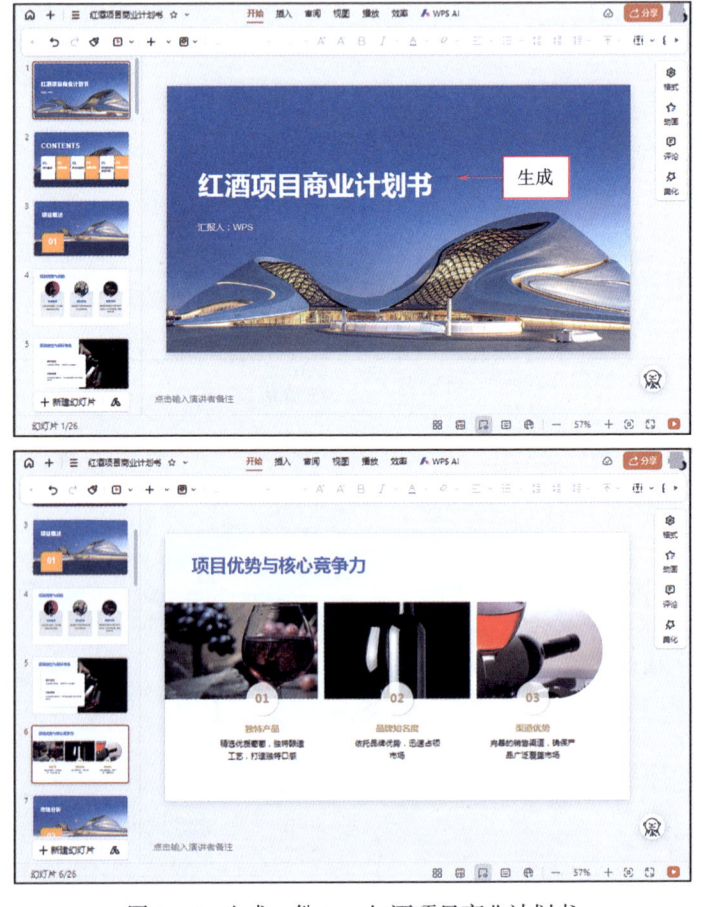

图 3-17　生成一份 PPT 红酒项目商业计划书

3.2.2 旅游促进大会：通知文档的快速生成

在传统的人工起草方式下，员工需要手动搜集、整理和编写会议通知的相关信息，这个过程不仅耗时费力，还容易出错。而 WPS AI 则具有自动化处理的优势，可以通过自然语言处理技术，自动抓取会议相关的信息，如时间、地点、议程等，并快速生成格式规范的会议通知，这大大减轻了员工的工作负担，提高了工作效率，相关案例如下。

提问

请帮我撰写一份会议通知。会议主题：推动本市旅游业发展，要求语言正式、清晰，具备详细必要的会议信息。

WPS AI

【会议通知】

主题：推动本市旅游业发展

致：全市各旅游相关企业负责人、市文旅局及相关部门领导、旅游行业协会成员及特邀专家

尊敬的各位参会者：

为积极响应国家关于促进旅游业高质量发展的号召，进一步挖掘我市旅游资源潜力，提升旅游品牌形象，增强旅游市场竞争力，经研究决定，特举办"推动本市旅游业发展"专题会议。现将会议具体安排通知如下：

一、会议时间：

日期：2025 年 ×× 月 ×× 日（星期×）

时间：上午9：00至下午5：00（请提前15分钟签到入场）

二、会议地点：

地点：×× 市会议中心二楼多功能厅（详细地址：×× 市 ×× 区 ×× 路 ×× 号）

三、会议内容：

开幕式及领导致辞

旅游业发展现状及趋势分析报告

> 旅游资源开发与保护策略分享
> 旅游产品创新与市场营销策略探讨
> 智慧旅游与数字化转型经验交流
> 圆桌论坛：面对挑战，共谋旅游业发展新路径
> 闭幕式及总结发言
> 四、参会人员：
> …………

3.2.3 优才评选名单：人事表格的自动化管理

优才评选是指企业或组织为表彰在特定领域或岗位上表现卓越、贡献突出的个人或团队而设立的一项评选活动。通过优才评选，企业能够激励员工积极进取，树立榜样，促进整体绩效的提升和企业文化的建设。通过 WPS AI 的智能化功能，用户可以便捷地获取"优才评选候选人名单"，省去烦琐的表格设计时间，专注于评选内容的准备与审核，相关案例如下。

提问

请创建一份优才评选候选人名单，以表格的形式。

WPS AI

当然，以下是一个优才评选候选人名单的表格示例。请注意，这只是一个示例，您可以根据实际需要调整列名和候选人数量。

序 号	姓 名	年 龄	性 别	所在部门	主要成就
1					
2					
3					
4					
5					
…					

请注意，这个表格只是示例，您需要根据具体的评选标准和候选人信息来填写。在实际应用中，您可能需要添加更多列来详细描述候选人的教育背景、专业技能、获奖情况等。此外，您还可以根据候选人的综合表现进行打分或排序，以便更好地进行评选。

3.2.4 解除劳动关系：合同文件的智能起草

WPS AI 通过大语言模型技术，能够迅速理解用户的需求，并基于解除劳动关系合同的常见结构和内容，快速生成一份初稿，这大大节省了用户从零开始撰写解除劳动关系合同的时间。进入 WPS AI 主页，在输入框中输入相应的指令，单击"创建文档"按钮，即可快速起草一份解除劳动关系合同，相关案例如下。

提问

创建一份标准的解除劳动关系合同模板，要求所有信息具体，确保符合当前劳动法律法规要求。

WPS AI

当然，我可以为你提供一个基本的解除劳动关系合同模板。请注意，这只是一个基础模板，具体条款可能需要根据你所在地的法律法规、劳动合同的具体内容及双方协商的结果进行调整。在实际使用中，建议咨询专业的法律顾问。

解除劳动关系合同

甲方（用人单位）：_____

地址：_____

法定代表人 / 负责人：_____

联系电话：_____

乙方（劳动者）：_____

身份证号码：_____

住址：_____

联系电话：_____

鉴于：

1. 甲乙双方根据《中华人民共和国劳动法》《中华人民共和国劳动合同法》及相关法律、法规的规定，经平等自愿、协商一致，就解除双方于_____年_____月_____日签订的劳动合同（合同编号：_____）事宜，达成如下协议：

一、劳动合同解除

2. 双方同意，自_____年_____月_____日起，解除双方于_____年_____月_____日签订的劳动合同。

二、经济补偿与待遇结算

3. 甲方同意向乙方支付经济补偿金共计人民币_____元（大写：_____），该款项包括但不限于法定经济补偿、加班费、未休年休假工资等所有应付款项。

4. 经济补偿金的支付时间：甲方应在本协议生效之日起___个工作日内，将上述款项一次性支付给乙方指定的银行账户（账户信息：_____）。

5. 乙方确认，除本协议约定的经济补偿金外，甲方已结清乙方在职期间的所有工资、奖金、津贴、补贴等劳动报酬及社会保险、住房公积金等福利待遇，双方不存在任何劳动争议或经济纠纷。

……

3.2.5　年会创意方案：互动游戏的趣味设计

互动游戏有助于提高团队凝聚力、激发成员的创新思维，还能增强领导能力、促进团队成员之间的交流和沟通。WPS AI 可以根据团队人数和特点，设计出能够增强团队合作的游戏，帮助参与者更好地了解彼此，相关案例如下。

提问

请创建一份企业年会创意互动游戏方案，包含4个互动环节，旨在增强团队协作与沟通能力，适合年会的暖场，要求具备趣味性。

> 企业年会创意互动游戏方案
>
> 一、活动主题："携手并进，共创辉煌"——年度团队协作挑战赛
>
> 二、活动目的：通过一系列富有创意和趣味性的互动游戏，增强员工之间的团队协作与沟通能力，营造轻松愉悦的年会氛围，为年会暖场并激发团队凝聚力。
>
> 三、游戏环节设计
>
> 环节一：快速组队·默契问答（15分钟）
>
> 游戏规则：
>
> 1. 将所有参会员工随机分为若干小组，每组5~7人。
>
> 2. 每组选出一名队长，队长需在限定时间内（如1分钟）通过简短的语言描述或肢体语言，让队友猜测一个事先设定的公司文化、产品特性或年度关键词等相关问题。
>
> 3. 每猜对一题，小组得一分；若时间到仍未猜出，则跳过进入下一题。
>
> 4. 最终得分最高的小组获胜，可获得小奖品。
>
> ……………

3.2.6 写作技能培训：活动邀请的一键生成

邀请函是一种正式的书面文件，通常用于邀请个人或团体参加特定的活动、仪式、庆典、会议或其他重要场合。这种文书旨在传达邀请者的真诚邀请，并提供受邀人所需的关键信息。用户可以提供给 WPS AI 相关的信息，让 WPS AI 生成一封邀请函，具体操作步骤如下。

▶▶ 步骤1 在 WPS Office App 的"首页"界面中点击右下角的 ⊕ 按钮，如图 3-18 所示。

▶▶ 步骤2 弹出相应面板，在"新建"选项区中点击"文字"按钮，如图 3-19 所示。

▶▶ 步骤3 进入相应界面，点击"空白文档"按钮，如图 3-20 所示。

▶▶ 步骤4 新建一个空白文档，点击工具栏中的 A 按钮，如图 3-21 所示。

▶▶ 步骤5 激活 WPS Office 的 AI 功能，弹出"AI 帮我写"列表框，如

图 3-22 所示。

▶▶ 步骤6 输入"邀请函",然后在上方弹出的列表框中选择"邀请函"选项,如图 3-23 所示。

图 3-18 点击相应按钮　　图 3-19 点击"文字"按钮　　图 3-20 点击"空白文档"按钮

图 3-21 点击相应按钮　　图 3-22 弹出相应列表框　　图 3-23 选择"邀请函"选项

第 3 章　智能升级：运用 WPS AI 高效办公

> 温馨提示：
> 　　激活 WPS Office 的 AI 功能后，会弹出一个"AI 帮我写"列表框，其中包括多种 AI 办公模板，如演讲稿、心得体会、总结稿、报告及待办事项等，选择相应的选项，即可快速生成相应的办公文档，以提高用户办公的效率和便捷性。

▶▶ 步骤 7　显示"邀请函"的模板内容，在其中用户可根据需要修改文本内容，点击发送按钮➤，如图 3-24 所示。

▶▶ 步骤 8　执行操作后，即可得到 WPS Office AI 生成的一篇写作技能培训邀请函，点击右下角的"插入"按钮，如图 3-25 所示。

▶▶ 步骤 9　执行操作后，即可插入空白文档中，点击"完成"按钮，如图 3-26 所示，即可完成操作。

图 3-24　点击发送按钮　　图 3-25　点击"插入"按钮　　图 3-26　点击"完成"按钮

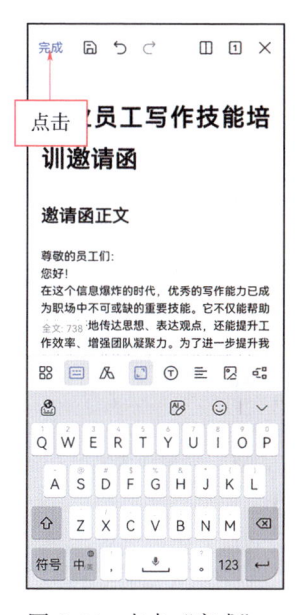

3.2.7　员工工作证明：证明文件的有效编写

　　员工工作证明，是一份承载着员工职业生涯重要信息的正式文件，通常由雇主精心准备并颁发给在职或已离职的员工。这份证明不仅是对员工在特定时间段内于公司工作情况的权威概述，更是员工个人职业历程中不可或缺的一部分。

智慧职场——AI工具让你轻松成为效率达人

同时，在涉及法律事务、行政程序或职业资格认证等场合，工作证明同样发挥着至关重要的作用，作为法律认可的有效证据，支持员工顺利完成相关流程。此时，可以让 WPS Office AI 来帮忙写作，通过语音输入文字内容，节省手动输入的时间，具体操作步骤如下。

▶▶ 步骤1 在 WPS Office App 的"首页"界面中点击右下角的 ⊕ 按钮，弹出相应面板，在"新建"选项区中点击"文字"按钮，如图 3-27 所示。

▶▶ 步骤2 进入相应界面，点击"空白文档"按钮，如图 3-28 所示。

▶▶ 步骤3 新建一个空白文档，点击工具栏中的 按钮，激活 WPS Office 的 AI 功能，弹出"帮我写"列表框，点击底部的语音输入按钮 🎤，如图 3-29 所示。

图 3-27　点击"文字"按钮　　图 3-28　点击"空白文档"按钮　　图 3-29　点击语音输入按钮

▶▶ 步骤4 语音输入相应的内容，点击发送按钮 ▶，如图 3-30 所示。

▶▶ 步骤5 执行操作后，即可得到 WPS Office AI 生成的一份员工工作证明文件，预览文件内容，点击右下角的"插入"按钮，如图 3-31 所示。

▶▶ 步骤6 执行操作后，即可插入空白文档中，点击"完成"按钮，如图 3-32 所示，即可完成操作。

第 3 章 智能升级：运用 WPS AI 高效办公

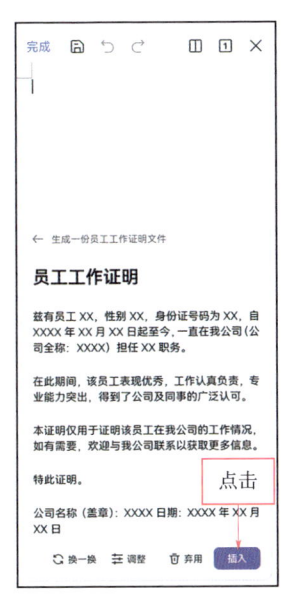

图 3-30　点击相应按钮　　图 3-31　预览文件内容　　图 3-32　点击"完成"按钮

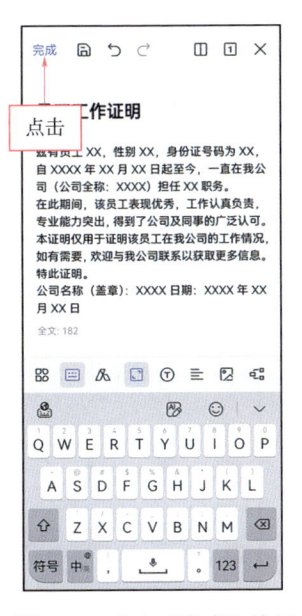

3.2.8　记账管理：财务方案的准确生成

企业财务记账管理方案是企业运营的核心支撑体系之一，它系统规划了从日常交易录入到财务报表生成的全链条管理流程，确保每一笔经济业务的准确无误记录与分类，还可以助力企业优化资源配置，推动企业稳健前行、实现可持续发展。

下面介绍使用WPS Office App生成一份企业财务记账管理方案的操作方法。

▶▶ 步骤1　在 WPS Office App 的"首页"界面中点击右下角的 ➕ 按钮，弹出相应面板，在"新建"选项区中点击"文字"按钮，如图 3-33 所示。

▶▶ 步骤2　执行操作后进入相应界面，点击"智能创建"按钮，如图 3-34 所示。

▶▶ 步骤3　新建一个空白文档，点击输入框，如图 3-35 所示。

▶▶ 步骤4　在其中输入"金融类企业的财务记账管理方案"指令，点击发送按钮 ➤，如图 3-36 所示。

▶▶ 步骤5　执行操作后，即可得到 WPS Office AI 生成的一份企业财务记账管理方案，预览其生成的内容，如图 3-37 所示。

▶▶ 步骤6　点击右下角的"插入"按钮，即可插入空白文档中，点击"完成"按钮，如图 3-38 所示，即可完成操作。

图 3-33 点击"文字"按钮　　图 3-34 点击"智能创建"按钮　　图 3-35 点击输入框

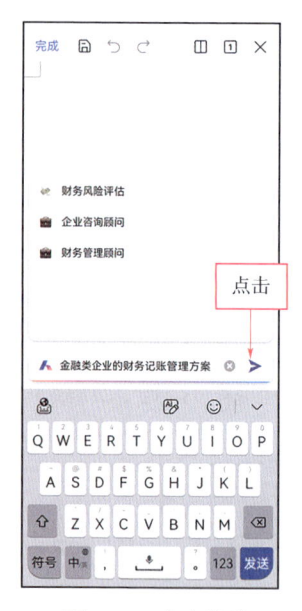

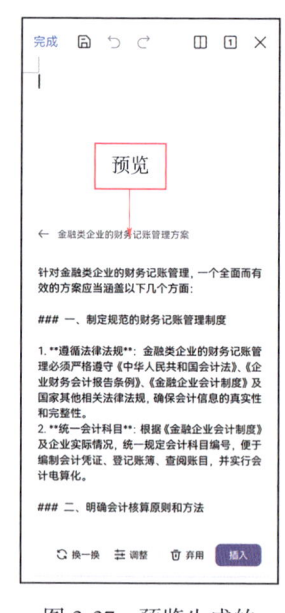

图 3-36 点击发送按钮　　图 3-37 预览生成的内容　　图 3-38 点击"完成"按钮

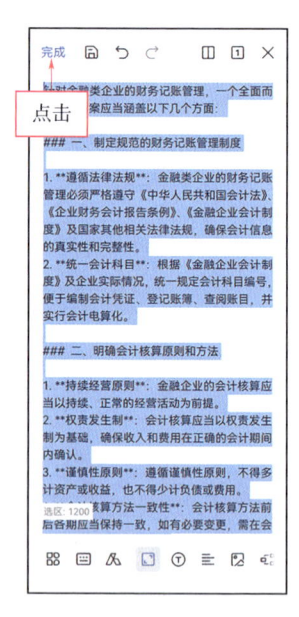

▶▶ **步骤7** 执行操作后，即可快速创建一份企业财务记账管理方案，其中包括制度和方法等相关信息，相关指令和回复内容如下。

提问

金融类企业的财务记账管理方案。

WPS AI

针对金融类企业的财务记账管理,一个全面而有效的方案应当涵盖以下几个方面:

一、制定规范的财务记账管理制度

1. 遵循法律法规:金融类企业的财务记账管理必须严格遵守《中华人民共和国会计法》《企业财务会计报告条例》《金融企业会计制度》及国家其他相关法律法规,确保会计信息的真实性和完整性。

2. 统一会计科目:根据《金融企业会计制度》及企业实际情况,统一规定会计科目编号,便于编制会计凭证、登记账簿、查阅账目,并实行会计电算化。

二、明确会计核算原则和方法

1. 持续经营原则:金融企业的会计核算应当以持续、正常的经营活动为前提。

2. 权责发生制:会计核算应当以权责发生制为基础,确保收入和费用在正确的会计期间内确认。

3. 谨慎性原则:遵循谨慎性原则,不得多计资产或收益,也不得少计负债或费用。

4. 会计核算方法一致性:会计核算方法前后各期应当保持一致,如有必要变更,须在会计报表附注中予以说明。

三、实施精细化的财务记账流程

1. 原始凭证管理:严格审核原始凭证的真实性和合法性,确保每笔经济业务的记录都有据可依。

2. 记账凭证编制:根据审核无误的原始凭证编制记账凭证,确保会计科目使用正确,金额准确无误。

••••••

【AI 文案与创作】

第 4 章
智能助手：运用豆包创作文案

豆包是字节跳动公司匠心独运的 AI 工具，基于先进的云雀智能模型横空出世，它不仅是一位精通对话艺术的 AI 聊天伙伴，更是职场人士提高效率的得力助手。同时，还是写作文案、教师备课的全能工具。本章介绍豆包的核心功能、注册与登录及操作界面，并对其主要功能与应用案例进行详细讲解，帮助用户快速提高工作效率。

4.1 豆包入门：操作与功能

豆包基于云雀模型开发，具备强大的自然语言处理能力和智能分析能力，这使得豆包能够准确地理解用户的意图和需求，并给出更加精准的回答和建议。豆包支持多种平台，包括网页 Web 平台、iOS 及安卓平台，iOS 用户需要使用 TestFlight 进行安装。本节将对豆包的核心功能、注册与登录及操作界面进行详细讲解，以便更好地运用豆包进行工作。

4.1.1 工具介绍：注册与登录

豆包以其先进的技术和丰富的功能，为用户提供了一个智能、个性化的 AI 工具。无论是信息查询、辅助写作还是情感陪伴，豆包都能提供便捷、高效的服务。同时，豆包的多模态交互方式和个性化定制功能也使得用户与豆包的交互更加自然和有趣。下面以图解的方式介绍豆包的 8 个核心功能，如图 4-1 所示。

AI搜索	这一功能能够帮助用户快速、精准地在海量的信息中找到所需内容。用户只需输入关键词或相关描述，豆包就能筛选出与之相关的各种信息资源，包括网页、文档、新闻等
阅读总结	此功能可以将长篇幅的文本进行提炼和概括，提取关键要点和核心内容。对于复杂的文章、书籍内容或市场报告，它能帮助用户快速把握主旨，总结出市场趋势和关键数据
帮我写作	当用户需要创作各类文本时，这个功能可以提供创意、构思和具体的文字表述。无论是写作一篇演讲稿、一篇小说的开头，还是一则广告文案，豆包都能给出有价值的帮助和参考
图像生成	用户通过输入描述或特定的要求，系统能够利用人工智能技术生成相应的图像，无论是想象中的奇幻场景、特定风格的人物形象，还是抽象的概念图像，都有机会实现
网页摘要	当用户浏览网页时，该功能能够迅速提取网页的主要内容，并以简洁明了的方式呈现给用户，这有助于用户快速了解网页的重点，节省阅读时间
内容翻译	能够在多种语言之间进行准确的翻译，无论是单词、句子还是长篇文本，都能实现快速且准确的转换。例如，用户输入一段中文，它可以准确地翻译成英文、法文等多种语言
音乐生成	用户在"音乐生成"中输入主题或歌词，设定如民谣、嘻哈等11种音乐风格，以及快乐、伤感等情绪和男声或女声音色后，能快速生成一首约1分钟且歌词字数不超200字的词曲
解题答疑	豆包的解题答疑功能可针对各学科不同题型提供详细解析、举例说明及多种表达形式的解答，适应不同学习水平并支持互动式学习，持续更新优化

图 4-1 豆包的 8 个核心功能

第 4 章　智能助手：运用 豆包创作文案

下面介绍注册并登录豆包网页版和手机版的操作方法。

1. 网页版的注册与登录

豆包是一款功能十分丰富的免费 AI 对话问答工具，其网页版页面设计精简而美观，注重功能性与用户友好性的结合，旨在提升用户体验和交互效率，它提供了网页端等多种应用程序，用户可以通过多种方式进行注册与登录。下面向读者详细介绍注册与登录豆包网页版的操作方法。

▶▶ 步骤1　在电脑中打开相应的浏览器，输入豆包的官方网址，打开官方网站，单击左侧导航栏中的"登录"按钮，如图 4-2 所示。

图 4-2　单击"登录"按钮

▶▶ 步骤2　弹出相应窗口，在其中输入手机号，选中"已阅读并同意豆包的使用协议和隐私政策"复选框，单击"下一步"按钮，如图 4-3 所示。

图 4-3　单击"下一步"按钮

智慧职场——AI工具让你轻松成为效率达人

▶▶ 步骤3　执行操作后，输入验证码等信息，即可登录豆包，用户还可以通过抖音一键登录，或使用 Apple 进行登录操作。图 4-4 为登录豆包后的网页页面。

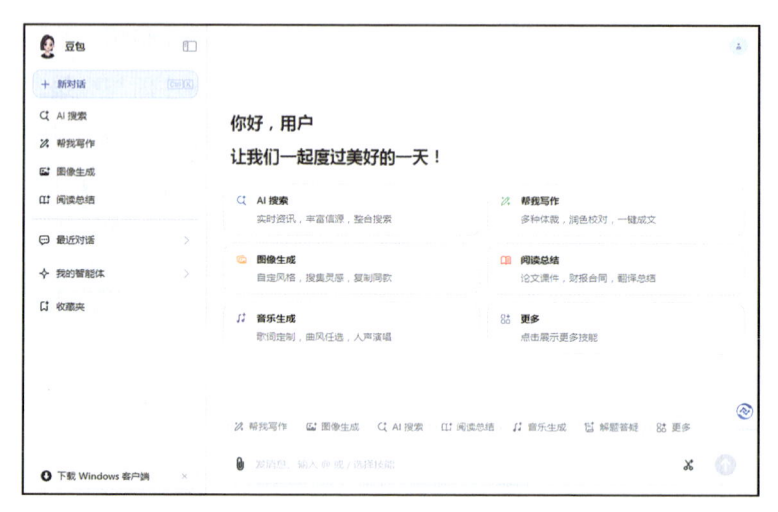

图 4-4　登录豆包后的网页页面

2. 手机版的注册与登录

豆包 App 是一款集成了多种 AI 智能功能的软件，其为用户提供了高效的工作和学习工具。下面向读者详细介绍注册与登录豆包 App 的操作方法。

▶▶ 步骤1　打开手机中的应用商店，点击搜索栏，在搜索文本框中输入豆包，点击"搜索"按钮，即可搜索到豆包 App，点击豆包 App 右侧的"安装"按钮，如图 4-5 所示。

▶▶ 步骤2　执行操作后，即可开始下载并自动安装豆包 App，安装完成后，豆包 App 右侧显示了"打开"按钮，如图 4-6 所示。

▶▶ 步骤3　点击"打开"按钮，进入"欢迎使用 豆包"界面，点击"同意"按钮，如图 4-7 所示。

▶▶ 步骤4　执行操作后，进入豆包的登录界面，选中"已阅读并同意豆包的服务协议和隐私政策"复选框，点击"抖音一键登录"按钮，如图 4-8 所示。另外，用户也可以通过手机号登录的方式进行登录操作。

▶▶ 步骤5　执行操作后，点击"同意授权"按钮，即可完成登录，进入豆包的"对话"界面，如图 4-9 所示。

第 4 章 智能助手：运用 豆包创作文案

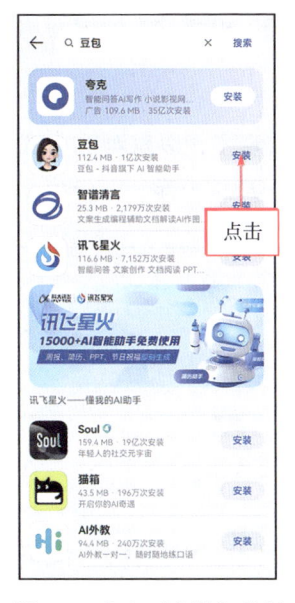

图 4-5 点击"安装"按钮

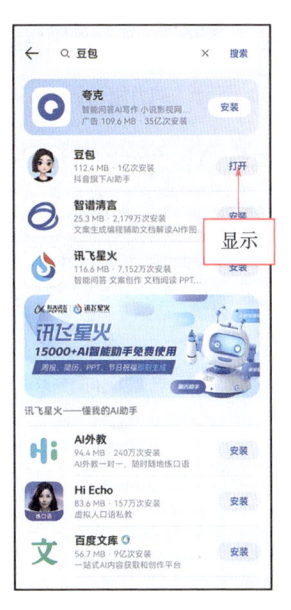

图 4-6 显示"打开"按钮

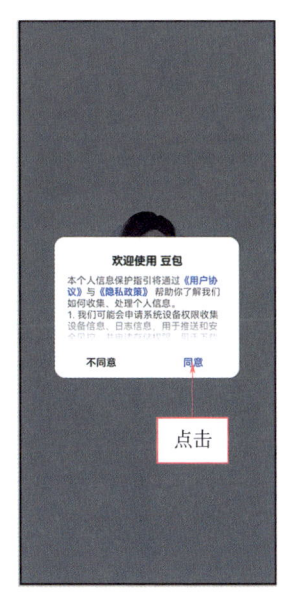

图 4-7 点击"同意"按钮

图 4-8 点击"抖音一键登录"按钮

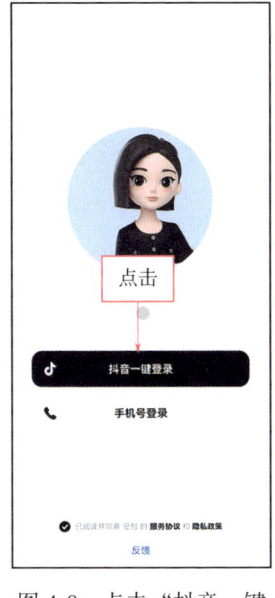

图 4-9 进入"对话"界面

4.1.2 界面全览：了解其功能

豆包的界面布局精美，主要功能模块一目了然，为用户提供了多样化的选择，包括聊天、写作、翻译、智能体生成等方面，旨在为用户提供便捷、高效、

智慧职场——AI 工具让你轻松成为效率达人

智能的交互体验。下面详细介绍豆包网页版和手机版的主要界面功能。

1. 网页版的页面与功能

豆包作为一款 AI 产品，其操作页面简洁明了，以直观的方式呈现，以便用户快速上手。豆包页面整体给人以一种清爽、专业的感觉，如图 4-10 所示。

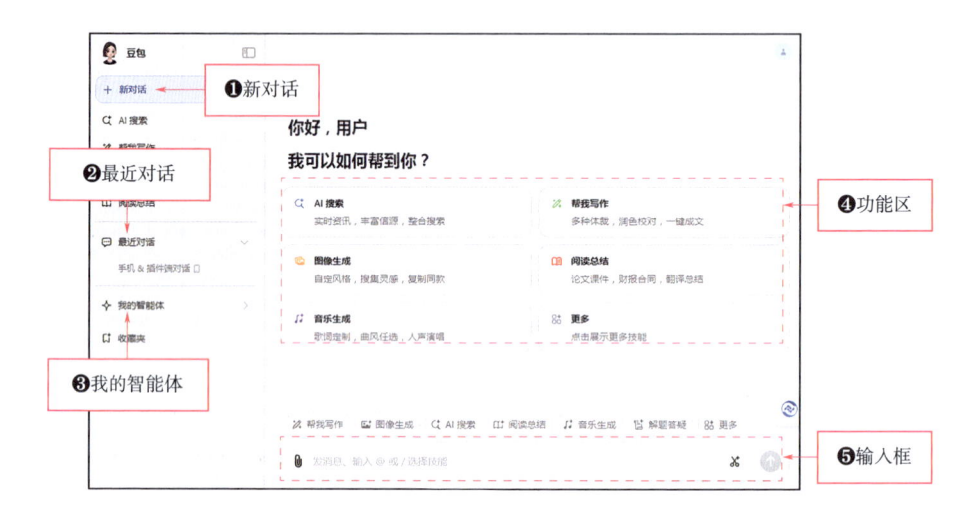

图 4-10　豆包页面

下面对豆包页面中的各主要部分进行相关讲解。

❶ 新对话：点击"新对话"按钮，能为用户开启一个全新的、独立的对话窗口，使用户与豆包的交流更加高效和清晰。

❷ 最近对话：该列表中展示了用户近期与豆包进行过的交流记录，可以快速找到相关历史内容，无须费力回忆或重新输入相同的问题。比如，用户几天前咨询过关于"备考计划"的制订，现在想要回顾具体的建议，展开"最近对话"列表就能轻松找到。

❸ 我的智能体：该列表中展示了不同特点和专长的智能体，每个智能体在知识领域、交流风格或解决问题的方式上有所不同。例如，有的智能体更擅长文学艺术领域的交流，有的则在营销文案方面表现出色。

❹ 功能区：该区域中展示了豆包的常用功能，如 AI 搜索、帮我写作、图像生成、阅读总结、音乐生成及翻译等功能，以适应不同场景和需求下的交互。

❺ 输入框：该区域是用户与豆包进行交流和传达需求的主要入口，用户可以在该输入框中输入自己的想法、疑问、需求等各种信息。无论是寻求知识解

答，还是请求创意启发，都可以通过在此输入内容来发起交流。

2. 手机版的界面与功能

豆包 App 的界面设计极为精美清晰，主要功能模块一目了然，使得用户可以快速找到所需功能，无须学习即可轻松上手。下面以豆包 App 为例，介绍界面中的各主要功能，如图 4-11 所示。

图 4-11　豆包 App 界面

下面对豆包 App 界面中的各主要功能进行相关讲解。

❶ 功能区：该区域是豆包 App 的常用功能区，包括图片生成、帮我写作、音乐生成、拍题答疑和翻译等功能，用户可以根据自身需求，点击相应按钮即可体验对应的功能。

❷ 输入框：点击输入框，用户可以在其中输入问题、指令或描述需求，与豆包进行对话，通过点击发送按钮，即可获得豆包的解答与帮助。

❸ 语音播放功能：点击界面上方的 按钮，可以设置是否使用语音自动播放豆包生成的内容。当显示为 按钮时，为语音播放开启状态，点击该按钮，显示为 按钮，即为关闭状态。

❹ 语音通话功能：点击 按钮，即可与豆包进行语音通话，例如，用户问豆包"你会写作吗"，豆包会很流畅地给出语音回复，并且对话记录会以文字的

智慧职场——AI 工具让你轻松成为效率达人

形式返回至聊天窗口，方便用户日后回顾通话的重点内容。

❺ 扩展功能：这个功能又被称为"添加附件内容功能"，点击输入框右侧的 ⊕ 按钮，会出现"文件"按钮 ∅，点击该按钮，用户能够添加图片、文件和表情等内容，与豆包进行交流，输入文字指令，可以得到更好的回复。

4.2 文案创作的智能应用

豆包能够回答用户提出的各种类型的问题，无论是科学知识、历史事件、文化传统，还是技术问题、生活常识等，豆包都会为用户准确地阐述其定义和内涵。本节主要介绍豆包的功能应用，讲解帮助用户更好地使用豆包工具进行文案创作与智能办公的方法。

4.2.1 摄影产业：资讯搜索的强大辅助

使用豆包的"AI 搜索"功能，能够快速搜索并整合摄影产业的最新资讯，为用户提供全面、准确的信息，具有高效、便捷、个性化和安全可靠等优势亮点。除了简单的信息搜索外，豆包还能对搜索到的内容进行深度分析，提炼出关键信息和核心观点，帮助用户更快地把握行业动态。下面介绍使用豆包搜索摄影产业最新资讯的操作方法。

▶▶ 步骤 1 在"豆包"首页中选择"AI 搜索"选项，如图 4-12 所示。

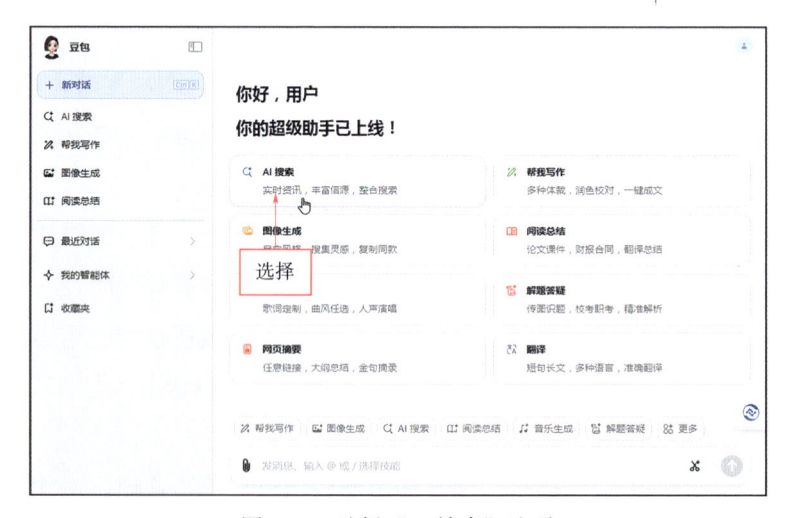

图 4-12 选择"AI 搜索"选项

第4章 智能助手：运用 豆包创作文案

▶▶ 步骤2 进入"AI搜索"页面，用户可以在下方的输入框中手动输入主题内容，如"摄影产业的最新资讯"，单击发送按钮 ⬆，即可得到豆包搜索到的最新资讯内容，相关指令和回复内容如下。

👤 提问

搜索一下：摄影产业的最新资讯。

🧑 豆包

以下是一些摄影产业的最新资讯：

2024年8月7日，2024上海国际视觉影像产业展览会召开，百度网盘发布全新摄影行业解决方案。该方案中的百度网盘AI修图是新一代商业级AI人像摄影产品，可以帮助修图师减少超过70%的重复性工作；其"超能画布"也全新升级了Pro版本，为影楼带来一站式的行业解决方案，赋能行业降本增效。百度网盘以"存储备份＋内部协同＋AI修图＋一键交付"的一站式照片流管理，助力商业摄影实现质效飞跃。

2024年3月31日，以"春风五千里 花开状元城"为主题的2024年中国黄山"来徽州上春山"摄影旅游季暨第二届"湖光山色状元休宁"摄影展启动仪式在休宁县齐云山镇南坑村举办……

> 温馨提示：
> 　　如果豆包提供的回复没有满足用户的需求，还可以单击输入框右侧的"深入搜索"按钮 ▢，让豆包生成更全面的内容。

▶▶ 步骤3 在资讯内容的下方显示了多个标题内容，用户选择相应的标题，可以继续询问豆包关于摄影产业的发展趋势，相关指令和回复内容如下。

👤 提问

摄影产业的未来发展趋势是怎样的？

智慧职场——AI 工具让你轻松成为效率达人

豆包

> 摄影产业未来可能会呈现以下一些发展趋势：
>
> 1. 技术持续进步：数码相机的分辨率将不断提升，能够捕捉到更细腻的画面；动态范围进一步扩大，可在明暗对比强烈的场景下拍摄出更多细节；低光性能改善，在低光环境下的拍摄效果更佳。同时，人工智能在摄影中的应用会更加广泛，例如，智能选择焦点、智能构图及智能曝光等。
>
> 2. 无人机摄影发展：无人机技术的进步将为摄影师提供更多创作空间。无人机摄影在拍摄角度、灵活性和稳定性等方面的优势会愈发显著，其应用领域也将不断拓展，包括建筑、风景、新闻报道、体育赛事、农业、环保、救援等领域……

▶▶ **步骤4** 在豆包的"AI 搜索"页面中，还提供了许多资讯的主题，如图 4-13 所示，如果用户对某些主题感兴趣，则可以直接单击相应的主题，让豆包搜索相同主题的资讯。

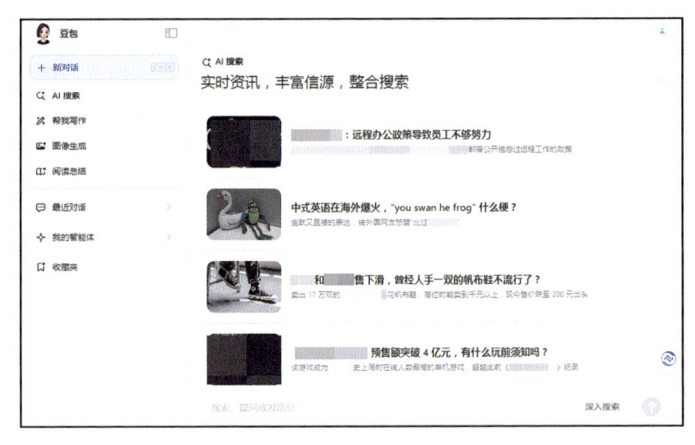

图 4-13 提供了许多资讯的主题

4.2.2 提取网页摘要：文档总结的智能提取

豆包的"网页摘要"功能是一项强大的工具，它利用人工智能技术帮助用户快速提取并理解网页中的关键信息，允许用户输入或粘贴网页链接，随后自动分析并生成该网页的摘要内容。这一过程涵盖了网页解析、信息提取和语义理解等多个环节，旨在帮助用户快速了解网页中的主要内容，提高浏览效率。

第 4 章　智能助手：运用 豆包创作文案

用户无须逐字逐句阅读整个网页，即可快速了解其主要内容，节省了大量时间和精力。下面介绍使用豆包提取网页内容的关键信息的操作方法。

▶▷ 步骤1　在"豆包"首页中，选择"网页摘要"选项，进入"网页摘要"页面，如图 4-14 所示，在其中可以解读网页内容，高效地获取关键信息。

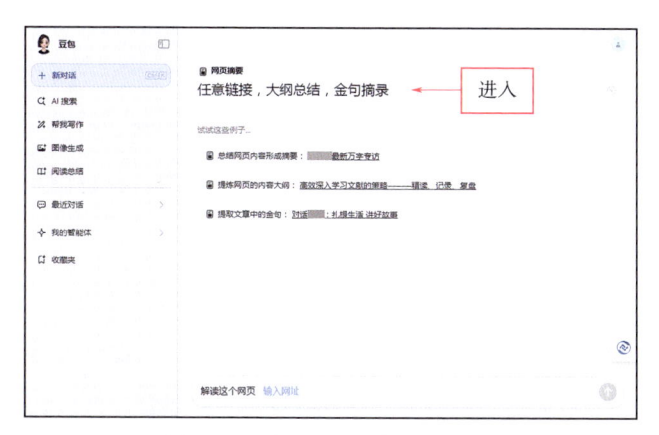

图 4-14　进入"网页摘要"页面

▶▷ 步骤2　在下方的输入框中输入或粘贴网址，单击右侧的发送按钮 ⬆，即可快速提取网页中的关键信息，如图 4-15 所示，为用户节省了大量的阅读时间。

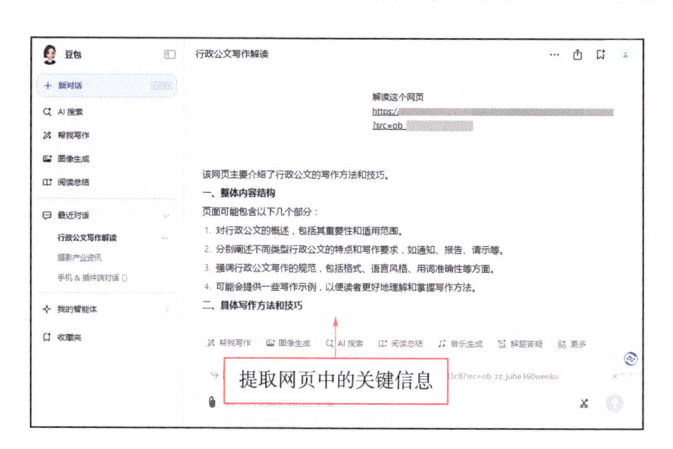

图 4-15　快速提取网页中的关键信息

4.2.3　儿童电话手表：宣传文案的高效撰写

豆包能够基于用户的输入和指令，快速生成宣传文案的初稿或部分内容，这在一定程度上可以节省写作者的时间和精力，尤其是在宣传文案框架搭建和初步内容填充阶段。豆包还支持多种写作风格和语气，用户可以根据宣传文案的具体

智慧职场——AI 工具让你轻松成为效率达人

要求选择合适的风格，使宣传文案吸引力更强，更加符合目标受众阅读的喜好。下面介绍使用豆包快速生成高质量宣传文案的操作方法。

▶▶ 步骤1　在"豆包"首页中选择"帮我写作"选项，进入"帮我写作"页面，在其中选择"宣传文案"选项，如图4-16所示。

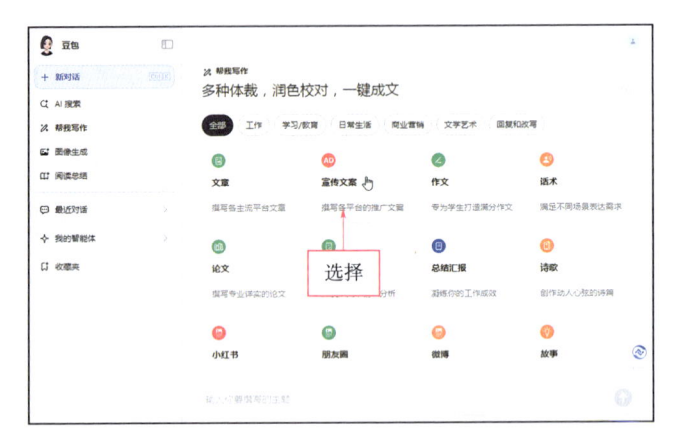

图4-16　选择"宣传文案"选项

▶▶ 步骤2　在下方的输入框中输入相应的指令，单击发送按钮 ⬆，即可得到豆包生成的一篇关于"电话手表"的宣传，相关指令和回复内容如下。

提问

> 帮我写10个在小红书发布的面向家长群体宣传儿童电话手表的营销广告文案，需要包含引人注目的标题与100字以内的详细内容。

豆包

以下是10个小红书宣传儿童电话手表的文案：

文案一：

标题：《守护宝贝，就选它！儿童电话手表》

长沙的家长们看过来！这款儿童电话手表，精准定位，随时联系孩子。高清通话，让你时刻掌握孩子动态，给孩子满满的安全感。

文案二：

标题：《超棒儿童电话手表，家长安心之选》

2024新款儿童电话手表，时尚外观，强大功能。不仅能定位防走失，还可一键呼救。长沙家长们赶紧给孩子安排起来。

文案三：

标题：《儿童电话手表，宝贝的贴心伙伴》

可爱萌趣的儿童电话手表，孩子爱不释手。精准定位、清晰通话，让家长放心。长沙的宝爸宝妈们别错过。

文案四：

标题：《为孩子安全护航，选这款电话手表》

长沙家长注意啦！这款儿童电话手表，具备多重安全功能。定位准确，一键报警。给孩子最好的守护。

文案五：

标题：《时尚又实用，儿童电话手表来袭》

儿童电话手表，外观时尚，功能齐全。既能满足孩子的时尚需求，又能让家长随时联系孩子。长沙的家长快来。

…………

4.2.4 医疗健康科普：专业文案的智能创作

豆包具备一定的医疗健康领域的知识储备，包括疾病预防、诊断、治疗、康复等全流程的智能化诊疗知识。豆包能够整合多种医学检验检测模态能力，实现对医疗专业知识的深入理解和应用。

在医疗领域，豆包可以实现医疗问答功能，为用户提供专业的医疗咨询和解答，成为用户在寻求医疗健康专业知识时的一个有力工具。用户只需在豆包页面的输入框中输入相应的指令，单击发送按钮 ⬆，即可得到豆包回复的医疗专业知识，相关案例如下（注意：有疾病应及时就医检查，AI工具只做参考）。

提问

针对春夏时节比较盛行的手足口病，有哪些有效的预防措施可以推荐给家长们？

智慧职场——AI 工具让你轻松成为效率达人

> 提问

手足口病在春夏时节较为盛行,以下是一些推荐给家长们的有效预防措施:

一、个人卫生方面

1. 勤洗手

教导孩子在饭前便后、外出回家后要用肥皂或洗手液等认真洗手。洗手时要确保彻底清洗手指、手掌、手背、手腕等部位,时间不少于 20 秒。

家长自身也要做好手部卫生,在接触孩子前、处理孩子的食物和用品前、更换尿布后等都要洗手,避免将病毒传染给孩子。

2. 保持良好的个人卫生习惯

鼓励孩子不随地吐痰,不乱扔垃圾。

教导孩子咳嗽或打喷嚏时用纸巾或捂住口鼻,避免飞沫传播病毒。

二、饮食卫生方面

1. 注意饮食安全

给孩子提供新鲜、干净的食物,避免食用生冷食物和不洁水源。

瓜果要洗净后再给孩子吃,不吃变质、过期的食物。

避免带孩子去卫生条件差的小摊贩处就餐。

2. 餐具消毒

……

4.2.5 教育型软件:应用代码的智能生成

豆包熟悉多种编程语言,如 Python、Java、C++ 等,可以根据用户的需求和具体场景,提供相应语言的代码内容。豆包还可以为用户提供丰富的代码示例,帮助用户更好地理解和参考,从而优化用户的需求表述或者直接从中获取灵感。除了提供代码,豆包还能对生成的代码进行详细的解释,让用户不仅知道代码怎么写,还明白为什么这样写,有助于用户更好地掌握相关的编程知识和技巧。下面介绍使用豆包快速生成代码的操作方法。

▶▶ 步骤1 进入豆包的"新对话"页面,在输入框中输入相应的指令,单击发送按钮,即可得到豆包编写的代码内容,相关指令和回复内容如下。

第4章 智能助手：运用 豆包创作文案

提问

我要设计一个教育型应用，需要你编写代码，实现用户学习网课视频、刷题等功能。

豆包

以下是一个使用 Python 的 Flask 框架实现的简单教育应用示例，这个示例只是一个基础架构，实际应用中还需要进一步扩展和完善。

首先安装 Flask 和 SQLAlchemy：

pip install flask flask_sqlalchemy

以下是代码：

from flask import Flask，render_template，request，redirect，url_for

from flask_sqlalchemy import SQLAlchemy

app = Flask（__name__）

app.config['SQLALCHEMY_DATABASE_URI'] = 'sqlite：///education.db'

db = SQLAlchemy（app）

定义课程模型

class Course（db.Model）：

id = db.Column（db.Integer，primary_key=True）

name = db.Column（db.String（100），nullable=False）

description = db.Column（db.Text）

定义题目模型…………

▶▶ **步骤2** 如果用户想学习这段代码的编程方法，可以继续在输入框中输入相应的指令，单击发送按钮 ⬆，即可得到豆包对代码的详细解释，相关指令和回复内容如下。

提问

请对生成的代码进行详细的解释，让我更有效地理解编程的方法。

智慧职场——AI 工具让你轻松成为效率达人

豆包

以下是对上述代码的详细解释：

1. 导入模块：

from flask import Flask, render_template, request, redirect, url_for

from flask_sqlalchemy import SQLAlchemy

这里导入了 Flask 框架的相关模块及用于与数据库交互的 flask_sqlalchemy 中的 SQLAlchemy。

2. 创建 Flask 应用和数据库对象：

app = Flask（__name__）

app.config['SQLALCHEMY_DATABASE_URI'] = 'sqlite:///education.db'

db = SQLAlchemy（app）

创建了一个 Flask 应用实例 App，并配置了数据库连接为 SQLite 数据库，数据库文件名为 education.db。同时创建了一个 SQLAlchemy 对象 db，用于与数据库进行交互……

4.2.6 青海七天之旅：旅行攻略的详细生成

在豆包 App 中支持语音输入和输出，用户可以通过语音与豆包进行交互，进行旅行攻略创作，这对于不擅长打字的中老年用户来说尤为友好，用户可以根据自己的喜好和需求，设置豆包的回答方式（如语音、文字等）和声音类型，获得更加个性化的交互体验。

下面介绍使用豆包 App 生成一个七天青海旅行攻略的操作方法。

▶▶ 步骤1 在"豆包"界面中点击上方的声音按钮 🔇，使其呈打开状态 🔊，如图 4-17 所示。

▶▶ 步骤2 点击下方的语音输入按钮 🎙️，切换至"按住说话"功能，如图 4-18 所示。

▶▶ 步骤3 用手指按住"按住说话"按钮，然后语音输入相关指令，此时下方显示了语音的音波动态，如图 4-19 所示。

第 4 章 智能助手：运用 豆包创作文案

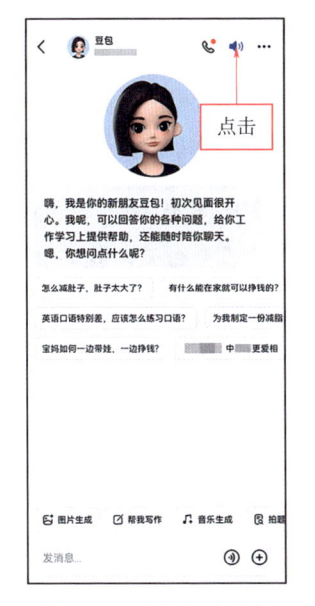

图 4-17　点击相应按钮

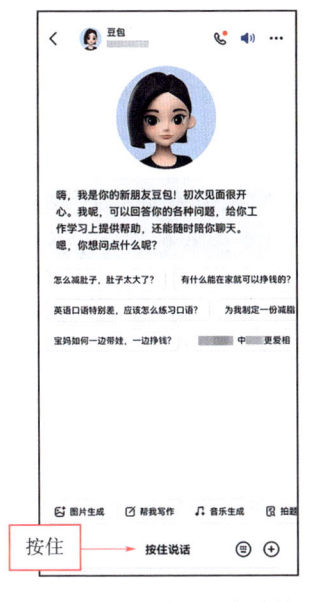

图 4-18　切换至相应功能

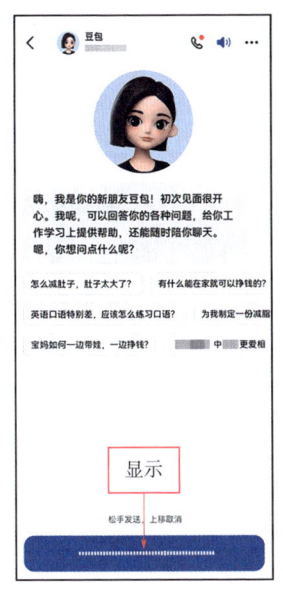

图 4-19　显示语音的音波动态

▶▶ **步骤4** 语音输入完成后，释放手指，便可以得到豆包生成的旅行攻略，相关指令和回复内容如下。

提问

请为我生成一个详细的七天青海旅行攻略，包括必游景点、特色美食推荐及住宿建议。行程安排要合理，注重体验与文化探索。

豆包

以下是一个七天的青海旅行攻略，希望能帮助你深度体验青海的美景、文化与美食：

一、行程安排

Day1：西宁——青海湖二郎剑景区——茶卡镇

上午：从西宁出发，前往青海湖二郎剑景区。这里是青海湖的重要景点，深入湖内的半岛形状如剑。可以在观景台俯瞰青海湖，欣赏湖光山色，也可在湖边漫步、摄影，感受大自然的宁静与美丽。

门票：旺季90元，淡季50元；建议游览时间：2~3小时。

下午：继续前往茶卡镇。

晚上：入住茶卡镇的酒店，休息或在镇上逛逛，体验当地的风土人情。

Day2：茶卡盐湖——德令哈——大柴旦翡翠湖——大柴旦镇

上午：游玩茶卡盐湖，它被誉为"天空之境"，被国家地理杂志评为"人一生要去的55个地方"之一。漫步其中，仿佛置身云端，蓝天白云与盐湖相互映衬，美如画卷，是拍照摄影的绝佳之地。

门票：60元；建议游览时间：3~4小时。

下午：前往德令哈，途中欣赏柴达木盆地的风光。到达德令哈后，前往大柴旦翡翠湖，这里犹如天使之泪的梦幻盐湖，湖水在蓝天白云的映衬下湛蓝又碧绿，从高空俯瞰，犹如巨大的翡翠镶嵌在柴达木盆地深处，没有过度商业化，能尽情欣赏美景、拍照。

门票：免费；建议游览时间：2~3小时。

晚上：入住大柴旦镇的酒店，品尝当地美食，如炕锅羊肉、酿皮等。

Day3：大柴旦——南八仙雅丹——水上雅丹——茫崖翡翠湖——茫崖市

上午：前往南八仙雅丹，这里是世界上最大的雅丹地貌群之一，形态各异的雅丹地貌让人惊叹不已。

…………

4.2.7　短篇现实小说：文学作品的个性创作

豆包依托于先进的自然语言处理技术和算法，能够迅速理解用户的输入意图，并据此生成高质量的小说内容。这种智能算法不仅提高了创作的效率，还保证了生成的小说在结构和情节上的合理性，使创作过程更加高效和便捷。

豆包支持用户自定义小说的长度、主题和风格，使创作过程更加灵活多样。用户只需输入部分关键词或句子，豆包便能根据这些输入生成与之相关的小说内容。下面介绍使用豆包App创作一篇小说的操作方法。

▶▶ 步骤1　打开豆包App，进入"豆包"界面，点击下方的"帮我写作"按钮，如图4-20所示。

▶▶ 步骤2　弹出"帮我写作"面板，在"类型"选项区中选择"小说"选项，如图4-21所示。

第 4 章　智能助手：运用 豆包创作文案

▶▶ **步骤3**　在"风格"选项区中设置小说的语气、长度和语言等，如图 4-22 所示。

图 4-20　点击"帮我写作"按钮　　图 4-21　选择"小说"选项　　图 4-22　设置小说的风格

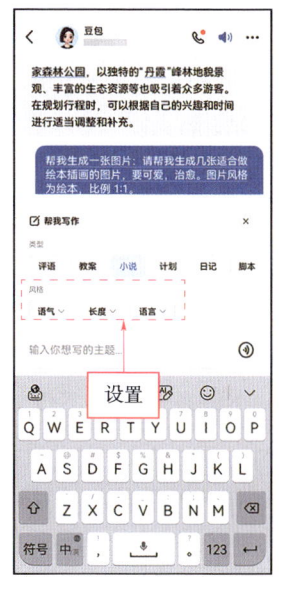

▶▶ **步骤4**　在输入框中输入相应的指令，点击发送按钮 ⬆，便可以得到豆包创作的一篇小说，相关指令和回复内容如下。

👤 提问

> 请帮我写一篇现实题材的短篇小说，要求反映现实生活，人物形象立体、真实，价值导向正确，符合主流价值观，风格温情治愈。

🧑 豆包

> **《巷口的温暖》**
>
> 在我们那个老小区的巷口，有个卖煎饼果子的大妈。大妈姓刘，大家都叫她刘姨。
>
> 刘姨的煎饼摊不大，但是干干净净。每天早上，她都会早早出摊，为那些赶着上班、上学的人准备热乎乎的煎饼果子。

81

> 我呢，是个普通的上班族，每天都会路过刘姨的煎饼摊。有时候起晚了，来不及做早饭，就会在刘姨这儿买一个煎饼果子。刘姨总是笑着问我："今儿加不加火腿呀？"我要是说加，她就会多给我放几片生菜，说这样营养均衡。
>
> 有一天，下着大雨，我以为刘姨不会出摊了，正准备去便利店买个面包凑合一下……

4.2.8 速读一本书：智能体的高效助力

豆包 App 中的智能体功能非常强大，它能理解用户的各种问题和需求，无论是知识问答、创意启发，还是情感交流，它都能给出精彩回应。熟练运用豆包 App 中的智能体，不仅能帮助用户实现高效办公，还有助于文案的创作。在豆包 App 中，有一个"速读一本书"智能体，擅长快速提炼书籍要点，并能够提供重点解读，只需用户输入指令，豆包会立即生成，具体操作步骤如下。

▶▶ **步骤1** 打开豆包 App，点击界面底部的"发现"按钮，进入"发现"界面，点击"学习"标签，如图 4-23 所示。

▶▶ **步骤2** 执行操作后，切换至"学习"选项卡，选择"速读一本书"选项，如图 4-24 所示。

图 4-23　点击"学习"标签　　　图 4-24　选择"速读一本书"选项

▶▶ 步骤3 进入"速读一本书"界面,输入指令"《百年孤独》重点讲的什么内容",点击发送按钮⬆,即可获得"速读一本书"生成的回复,相关指令和回复内容如下。

提问

《百年孤独》重点讲的什么内容。

豆包

《百年孤独》讲述了布恩迪亚家族七代人的传奇故事,以及加勒比海沿岸小镇马孔多的百年兴衰。

故事始于何塞·阿尔卡蒂奥·布恩迪亚和乌尔苏拉夫妇,他们为逃避近亲结婚的诅咒而开辟了马孔多。家族中充满了各种奇特的人物和事件,如奥雷里亚诺上校不断发动战争,阿玛兰妲的爱情悲剧等。

书中展现了家族成员在命运中的挣扎和孤独,家族的命运似乎被诅咒,不断重复着相似的悲剧。书中融入了神话传说、民间故事等元素,探讨了时间的循环、命运的无常、爱情与欲望、权力与战争等主题。

通过这个家族的兴衰,反映了拉丁美洲一个世纪以来风云变幻的历史。

第 5 章
智能工具：运用通义一键成文

通义是由通义千问更名而来，是阿里云推出的人工智能语言模型工具，它具备全面的 AI 能力，助力用户高效办公与文案创作，其主要功能包括多轮对话、文案创作、逻辑推理、多模态理解及多语言支持等。本章将全面介绍通义的核心功能、注册与登录及操作界面，并对其主要功能与应用案例进行具体讲解。

智慧职场——AI 工具让你轻松成为效率达人

5.1　通义入门：操作与功能

通义于 2023 年 4 月开始邀请测试，并在同年 9 月 13 日正式向公众开放。随着产品的不断发展，通义千问在 2024 年 5 月更名为通义，寓意"通情，达义"，旨在成为用户在工作、学习、生活中的得力助手，包括网页 Web 平台、iOS 及安卓平台。本节将对通义的核心功能、注册与登录及操作界面进行详细讲解，帮助用户更好地使用通义工具。

5.1.1　工具介绍：注册与登录

通义作为一个综合性的 AI 工具，能够理解和应对跨领域的各种问题，它集成了多项核心功能，旨在通过自然语言处理技术为用户提供全方位、高效的服务。下面以图解的方式介绍通义的 8 个核心功能，如图 5-1 所示。

智能问答与反馈	通义能准确理解和回答用户提出的各种问题，无论是生活常识、专业知识还是复杂的决策建议，它都能提供精准详尽的回答。其自然语言处理能力使交流过程接近真人对话，为用户提供实时且高质量的信息反馈
知识生成与创意辅助	基于用户给定的关键词或主题，通义能够生成相关高质量的文本内容，帮助用户激发创造力和创新能力。这对于写作、内容创作、学术研究等场景特别有价值
文档解析与摘要能力	通义的 AI 阅读助手支持单次处理高达 100 份文档，能够快速从海量信息中提取关键内容，进行跨文档的摘要和分析。这对于论文研读、文献综述、财报分析、数据整合等任务极为高效，能显著提高用户的工作或学习效率
多语言交互支持	通义支持多种语言的交互，打破了语言障碍，支持包括中、英、法、德、西、俄、日、韩、越、阿拉伯等多种语言，满足了全球不同用户群体的需求，增强了其国际化的应用范围
SWOT 分析与策略规划	在商业和战略规划领域，通义能够协助进行优势（strengths）、劣势（weaknesses）、机会（opportunities）及威胁（threats）分析，并提出相应的策略规划，为企业和个人提供决策支持
内容创作与营销辅助	通义可以根据商品名称自动生成商品描述文案，或者根据特定需求生成提纲、文章概要等，对于内容创作者和市场营销人员来说，这是一个强大的辅助工具
个性化服务与推荐	通义能够根据用户的偏好和历史交互，提供个性化的内容推荐和服务，使用户获得更加定制化的体验
数据分析与报告生成	对于金融、市场分析等专业人士，上传财报或数据分析报告，通义可以自动提取关键数据，生成分析总结报告，帮助用户快速理解数据背后的发展趋势

图 5-1　通义的 8 个核心功能

第 5 章　智能工具：运用通义一键成文

下面介绍注册并登录通义网页版和手机版的操作方法。

1. 网页版的注册与登录

通义，作为一款集前沿 AI 技术与人性化设计于一身的在线智能平台，其网页版页面以简约而不失深度的设计为核心，致力于为用户打造一个既高效又愉悦的交互空间。页面布局清晰，色彩搭配和谐，充分展现了科技感与舒适度的完美融合，旨在提升每一位用户的操作体验与信息处理效率。下面介绍注册与登录通义网页版的操作方法。

▶▶ 步骤1　在电脑中打开相应的浏览器，输入通义的官方网址，打开官方网站，单击左侧导航栏中的"登录"按钮，如图 5-2 所示。

图 5-2　单击"登录"按钮

▶▶ 步骤2　弹出相应窗口，在其中输入手机号，选中相应复选框，单击"获取验证码"按钮，将收到的验证码填入文本框中，单击"登录"按钮，如图 5-3 所示。

图 5-3　单击"登录"按钮

智慧职场——AI 工具让你轻松成为效率达人

▶▶ 步骤3 执行操作后，即可完成通义的账号登录，如图 5-4 所示。

图 5-4 通义的网页页面

2. 手机版的注册与登录

通义 App，是一款集前沿自然语言处理技术与智能服务于一身的创新型应用，为用户打造了一个无缝连接信息、优化沟通体验与提升工作效率的全方位平台，无论是日常交流、知识探索还是专业工作，都给用户带来更高效便捷的体验。

下面介绍注册与登录通义 App 的操作方法。

▶▶ 步骤1 打开手机中的应用商店，点击搜索栏，在搜索文本框中输入通义，点击"搜索"按钮，即可搜索到通义 App，点击通义 App 右侧的"安装"按钮，如图 5-5 所示。

▶▶ 步骤2 执行操作后，即可开始下载并自动安装通义 App，安装完成后，通义 App 右侧显示了"打开"按钮，如图 5-6 所示。

▶▶ 步骤3 点击"打开"按钮，进入通义 App 的相关协议界面，点击"同意"按钮，如图 5-7 所示。

▶▶ 步骤4 执行操作后，进入"手机号登录"界面，输入手机号，选中"未注册手机号验证通过后将自动注册，已详读并同意用户协议和隐私协议"复选框，点击"获取短信验证码"按钮，如图 5-8 所示。

▶▶ 步骤5 执行操作后，输入收到的验证码，即可完成登录。另外，用户也可以在上一步中通过点击"本机号码一键登录"按钮的方式进行登录，进入相应界面，点击"一键登录"按钮，也可以快速登录，如图 5-9 所示。

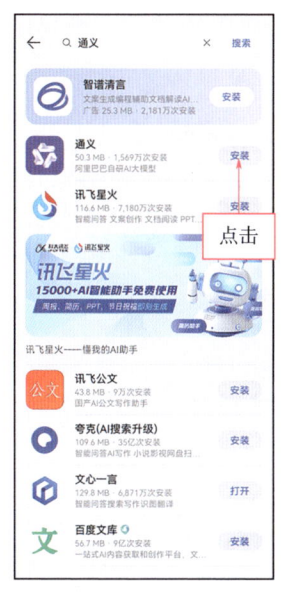

第 5 章　智能工具：运用通义一键成文

图 5-5　点击"安装"按钮 　　　　图 5-6　显示"打开"按钮

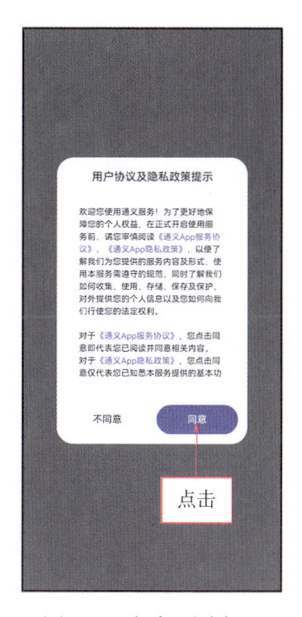

图 5-7　点击"同意"　　图 5-8　点击相应按钮 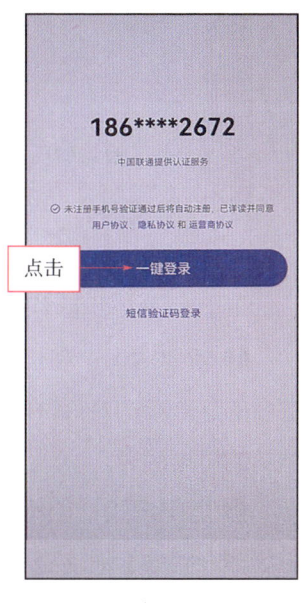　　图 5-9　点击"一键登录"
　　　　按钮　　　　　　　　　　　　　　　　　　　　　　　　按钮

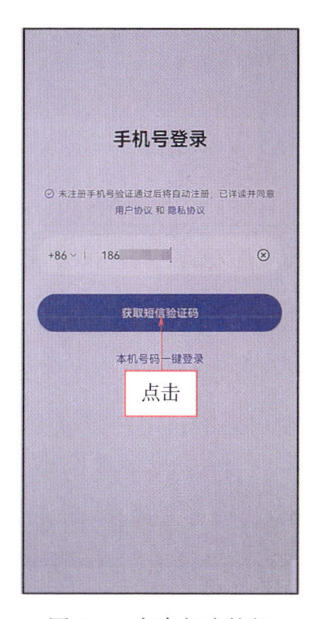

5.1.2　界面全览：了解其功能

通义的界面设计以用户为中心，简洁而高效，直观展示了其核心功能区域，让用户能够轻松上手并享受智能、流畅的操作体验。无论是职场办公、学

智慧职场——AI 工具让你轻松成为效率达人

习研究还是创意创作，通义都能提供丰富且实用的功能，满足用户的多元化需求。

下面简单介绍通义网页版和手机版界面的主要功能。

1. 网页版的页面与功能

通义的操作页面设计简洁直观，旨在让用户更高效地与 AI 模型进行交互。用户可以通过访问通义的官方网站进入其操作页面。图 5-10 为通义页面和各主要功能区。

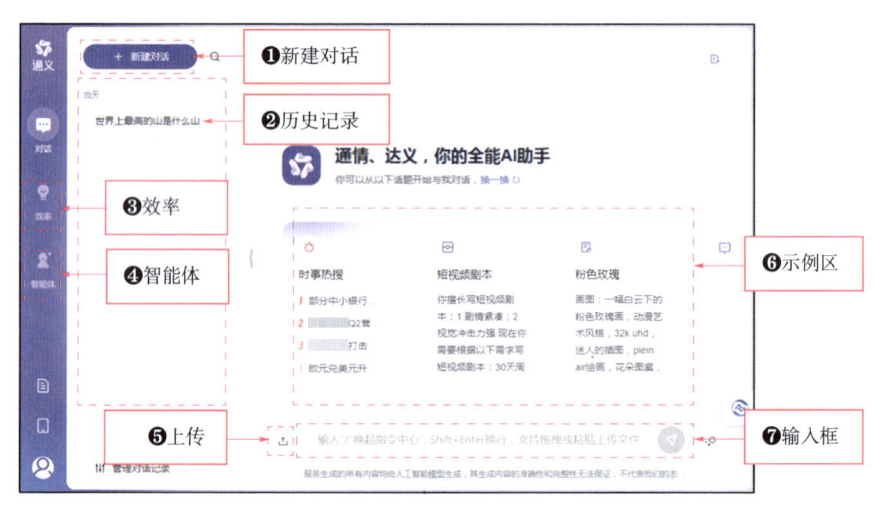

图 5-10　通义页面和各主要功能区

下面对通义页面中的各主要部分进行相关讲解。

❶ 新建对话：单击该按钮，系统会清空当前的对话界面，为用户开启一个空白的、全新的对话环境。在新对话中，用户可以提出任何问题、请求帮助或开展新的讨论话题。

❷ 历史记录：该列表主要方便用户回顾和管理以往的对话记录，用户无须重新输入问题，就能查看之前的答案或继续之前的讨论。

❸ 效率：单击该按钮，将打开"工具箱"页面，其中包括听课开会、办公提效及学习工具等，可以帮助用户提高办公或学习效率。

❹ 智能体：单击该按钮，打开"发现智能体"页面，在其中可以搜索各种智能体，从创意文案生成到专业领域咨询，智能体能够覆盖广泛的应用场景，为用户提供从工作到生活的多方面支持。

❺ 上传:单击该按钮,可以上传文档或图片到通义中,包括但不限于 PDF、Word、Excel、Markdown、EPUB、Mobi、txt 和 PNG 等格式,以便通义对这些文档内容进行分析。

❻ 示例区:新用户可以通过浏览示例快速了解如何有效地与通义互动,学习提问的技巧,掌握如何构造问题以获得最佳答案。通过展示不同场景下的问题和回答示例,帮助用户更好地理解通义的能力,激发用户提出问题的灵感,发现更多使用场景。

❼ 输入框:用户可以在输入框中输入文字,向通义提出问题、请求帮助、发起对话或下达指令。无论是寻求信息、创作内容、解决数学问题、编写代码、进行翻译,还是其他多样的任务,都可以通过这个输入框实现。

2. 手机版的界面与功能

通义 App 的界面设计简约而精致,其布局清晰直观,用户无须烦琐的学习过程即可流畅操作。通义 App 界面中的功能强大,如图 5-11 所示。

图 5-11 通义 App 界面

下面对通义 App 界面中的各主要功能进行相关讲解。

❶ 界面标签:这是通义 App 的界面标签,分为"助手""工具""角色""频道"等标签,用户可以点击相应的标签,切换至对应的界面。例如,"助手"界

面是主要的 AI 交互界面，用户可以在此与 AI 进行对话，获取信息或完成特定任务；"角色"界面可以实现用户与虚拟角色的互动。

❷ 扩展功能：这个功能又被称为添加功能，点击输入框左侧的◉按钮，会弹出相应面板，包括"视频图像""文档""语音通话""翻译助手"，用户任意点击这些按钮，即可通过上传视频、图片、文档，语音通话的方式，与 AI 互动，还可以录音让通义充当翻译。

❸ 输入框：点击输入框，用户可以在此输入问题、指令或描述需求，点击发送按钮◉，即可获得通义生成的回复。

❹ 个人中心：点击◉按钮，即可进入通义 App 的用户个人中心界面，用户可以在此编辑头像、昵称等个人信息，还可以创建数字形象、工具和角色。

❺ 功能区：这里是通义 App 的常用功能区，包括全民舞台、扩写助手、AI 作画和创意文案等示例，用户可以根据自身需求，点击相应示例，即可体验对应的示例功能。

❻ 语音输入功能：点击按钮◉，点击"按住说话"按钮，用户即可语音输入指令，松开手将指令发送，就会获得通义的内容回复。

5.2 文案生成的智能应用

通义具备出色的文案创作能力，可以快速、灵活、高效地生成各种文案内容，包括选题智库的搭建、爆文标题的打造、专业信息的问答、活动方案的策划、电商文案的产出、SWOT 分析的进行及课程框架的设计等，本节将进行相关讲解。

5.2.1 金融趋势：选题智库的全面搭建

通义拥有强大的自然语言处理能力，使它能够深入理解和分析大量媒体内容，从而提炼出有价值的选题。通义基于海量的数据训练而成，具备深厚的知识储备，涵盖科技、文化、历史、生活等多个领域，这意味着它能够提供多样化的选题建议，满足不同媒体的需求和读者的兴趣。

与传统方法相比，通义能够实时生成针对性强、内容精炼的选题建议，这极大地提高了选题工作的效率，使媒体能够更快地响应热点事件和读者需求，用户

第 5 章 智能工具：运用通义一键成文

只需在通义页面的输入框中输入相应的指令，单击发送按钮，即可得到通义回复的选题内容，相关案例如下。

提问

> 请结合当前金融的最新趋势并列出 4 个能激发读者情感共鸣的选题。

通义

结合当前金融领域的最新趋势，我们可以提出一些能够激发读者情感共鸣的选题。这些选题不仅应当紧扣时事，还应该能够引起公众对于金融与日常生活之间联系的兴趣与思考。以下是 4 个这样的选题建议：

1. 金融科技与个人隐私保护

探讨在大数据、人工智能等金融科技迅速发展的背景下，如何平衡技术创新与个人隐私保护之间的关系。可以深入分析当前的技术手段如何收集和使用个人信息，以及用户应该如何保护自己的数据安全。

2. 绿色金融与可持续发展

随着全球对气候变化的关注日益增加，绿色金融成为一个热门话题。选题可以聚焦于绿色金融产品和服务如何帮助促进环境保护和可持续发展，以及企业和个人如何通过参与绿色金融来贡献于地球的未来。

3. 数字支付革命与无现金社会

分析近年来移动支付、数字货币等数字支付方式的兴起，以及它们如何改变我们的消费习惯和社会生活方式。此外，还可以探讨无现金社会可能带来的正面和负面影响，如金融包容性、网络安全等问题。

4. 金融普惠与小微企业

关注金融普惠政策如何帮助解决小微企业融资难的问题，尤其是在经济下行压力加大的情况下，小微企业如何利用各种金融工具和服务实现生存和发展。同时，也可以讲述一些小微企业通过金融支持成功转型或成长的真实案例，以此来激励更多的创业者。

这 4 个选题都具有较强的社会意义，能够引发公众对于相关问题的关注和讨论，同时也能够展现金融行业在社会发展中的积极作用。

5.2.2　夏季妆容指南：爆文标题的极速打造

标题文案作为一篇文章或一个视频的"门面"，起到给受众留下第一印象的作用，因此，创作者们在撰写文案和创作短视频时会格外重视标题文案的撰写，致力于打造出爆款标题文案。打造爆款标题文案可以掌握一定的技巧，运用通义则可以快速地实现。

用户在编写指令的时候，可以提供文章的主题，将具体要求表述清楚，让AI生成更贴切的标题内容，相关案例如下。

提问

请帮我写一些有吸引力的爆款文章标题，文章主题为"夏季妆容指南"，要求能体现数字式，具有视觉冲击力。

通义

当然可以。以下是一些以夏季妆容指南为主题的吸引人的文章标题，这些标题都包含数字元素，并且设计得尽可能具有视觉冲击力：

1. "5大必备品打造2024最火夏季妆容"
2. "3步速成！夏日清新妆容全攻略"
3. "解锁7款夏季必备唇色，让你美出新高度"
4. "10款夏季流行眼影盘，轻松应对各种场合"
5. "2分钟学会4种夏日海滩派对妆容"
6. "8个技巧教你如何在高温下保持完美妆容"
7. "夏季美妆趋势：9款色彩碰撞的妆面示范"
8. "从0到100：夏季日常到晚宴妆容的进阶教程"
9. "6款防晒美妆单品，夏日防晒与美丽兼得"
   ....

5.2.3　健身指导：专业信息的智能问答

通义作为阿里巴巴推出的大语言模型工具，其知识库涵盖了多个专业领域，

第5章 智能工具：运用通义一键成文

如医疗、艺术、健身等，以健身领域为例，其包括运动计划设计、营养补充、肌肉恢复等全流程的个性化健身指导。通义能够整合多种运动科学理论和实践案例，实现对健身专业知识的深入理解和应用。在健身领域，通义可以实现健身问答功能，为用户提供专业的健身咨询和解答，成为用户在寻求健身和健康管理知识时的一个有力工具，相关案例如下。

提问

小丫身高一米六，体重160斤，她平时喜欢暴饮暴食，爱吃夜宵运动少，身体虚，容易生病，她想通过健身来减重和强身健体，请帮她设计一个合理且专业的个性化健身指导方案。

通义

小丫的情况表明她可能处于超重或肥胖的状态，并且有不良的生活习惯。为了帮助她实现减重和增强体质的目标，我们可以设计一个综合的健身和饮食调整方案。请注意，在开始任何锻炼计划之前，建议先咨询医生或专业健康顾问，以确保安全。

1. 目标设定

短期目标：改善饮食习惯，增加日常活动量。

中期目标：每周至少进行150分钟中等强度的有氧运动。

长期目标：达到健康的体重范围，提高整体健康水平。

2. 运动计划

A. 有氧运动

开始阶段：可以选择散步、慢跑或者使用跑步机、椭圆机等低冲击运动，每次持续20~30分钟，每周至少5天。

进阶阶段：可以尝试快走、游泳、骑自行车等中等强度运动，逐渐增加到每次45~60分钟。

B. 力量训练

初期：使用自身体重进行简单的力量训练，如深蹲、俯卧撑（膝盖着地）、仰卧起坐等，每个动作做2~3组，每组8~12次。

后期：可以加入哑铃或杠铃训练，增加肌肉力量，同时促进新陈代谢。

C.拉伸与放松

每次运动前后都要做好拉伸，帮助预防受伤，促进恢复。

3.饮食调整

…………

5.2.4　联合促销：活动方案的新颖策划

通义在设计联合促销活动策划方案时，不仅适用于线上活动，也适用于线下活动，它可以结合线上线下的优势，提出综合性的活动方案，帮助商家实现全渠道营销。通义在设计联合促销活动策划方案方面展现出强大的自然语言处理能力、高效的方案设计能力、个性化定制服务及多场景应用等优势亮点，这些优势使得通义成为商家设计各类活动策划方案的得力助手。联合促销活动策划方案的相关案例如下。

提问

一家饮品店与一家花店进行联合促销，请为这家饮品店设计一套联合促销活动方案，包括限时抢购、买赠活动、会员专享、社交媒体抽奖等，旨在吸引顾客并促进口碑传播，确保活动具有可执行性。

通义

为了帮助饮品店和花店实现联合促销的目标，我们可以设计一个综合性的营销活动方案，结合限时抢购、买赠活动、会员专享优惠及社交媒体互动等元素。以下是一个详细的活动方案示例：

1.活动主题

春意盎然·花香满溢：以春天的氛围为主题，利用鲜花的美好寓意，吸引顾客关注。

2.限时抢购

时间：每周五下午3点至下午5点（选择人流高峰时段）

内容：推出特定饮品搭配花束组合，比如"春日特饮+精选小花束"，以特别优惠的价格销售。数量有限，售完即止。

3. 买赠活动

购买条件：凡在活动期间内消费满一定金额的顾客，赠送花店提供的迷你盆栽或种子包一份。

目的：鼓励顾客增加单次消费金额，同时提供有纪念价值的小礼物。

4. 会员专享

新会员福利：活动期间注册成为会员的新顾客，首次消费即可享受9折优惠，并且获得一张免费升级中杯至大杯饮品券。

老会员回馈：老会员在活动期间内任意消费，可额外获得一次免费领取花店提供的鲜花一枝的机会。

....

5.2.5 品牌故事：电商文案的高效产出

电商品牌故事文案是一种强有力的营销工具，它不仅能够传达品牌的核心价值，还能在消费者心中留下深刻印象，进而推动销售增长。撰写电商品牌故事是向消费者传达品牌价值和理念的重要方式之一，它可以帮助建立品牌的形象，并与潜在顾客建立情感连接。

一个好的品牌故事应该包含品牌的起源、成长历程、愿景，以及它如何解决消费者的问题或提升他们的生活品质，同时还需要创作者具备一定的网感和文字功底。此时，用户使用通义App便可以借助AI的力量快速获得电商品牌故事文案，提高工作效率，相关案例如下。

😀 提问

请结合防晒帽的受众需求和产品亮点，撰写防晒帽的电商品牌故事文案，要求语言精简、极具特色。

通义

【品牌故事：SunGuard 防晒帽】

在阳光下，每一刻都值得被珍藏。但在享受自然馈赠的同时，肌肤却面临着紫外线无情的挑战。SunGuard，源自对户外生活的无限热爱与对肌肤健康的深切关怀，我们相信每一次户外探索都不应以伤害为代价。

【设计灵感】

汲取大自然中最坚韧植物——仙人掌之生命力，SunGuard 采用轻盈透气且高耐久的面料，犹如第二层肌肤般温柔包裹头部，阻挡高达 99% 的 UVA/UVB（Ultraviolet A radiation，紫外线 A 辐射 /Ultraviolet B radiation，紫外线 B 辐射）射线。

【科技融合】

运用独家 CoolTouch 科技，即使夏日炎炎，也能让头皮保持清爽不闷热；内置智能湿度感应系统，自动调节帽檐透光率，保护双眼免受强光刺激……

5.2.6 智能手环：智能产品的 SWOT 分析

通义能够针对智能产品的优势、劣势、机会和威胁进行全面且深入的分析，它不仅能够指出产品的明显优势和劣势，还能洞察到潜在的市场机会和威胁。通义具备跨领域的知识和语言理解能力，使它能够从多个角度对智能产品进行综合分析，提供更加全面和客观的 SWOT 分析报告，具体操作步骤如下。

▶▶ 步骤 1　打开通义 App，进入"助手"界面，点击下方的输入框，如图 5-12 所示。

▶▶ 步骤 2　选择一种合适的输入法，输入指令"请帮我对以下描述的智能手环产品进行 SWOT 分析。产品概述：智能手环配备了一系列健康监测传感器，包括心率监测器和血氧水平检测器，能够全面追踪用户的日常活动和睡眠质量。通过先进的 AI 技术，该手环能够分析用户的健康数据，并利用内置算法评估用户的健康状况，为用户提供定制化的健康改善建议"，如图 5-13 所示。

▶▶ 步骤 3　点击右侧的发送按钮 ⬀，即可得到通义生成的 SWOT 分析报告，如图 5-14 所示。

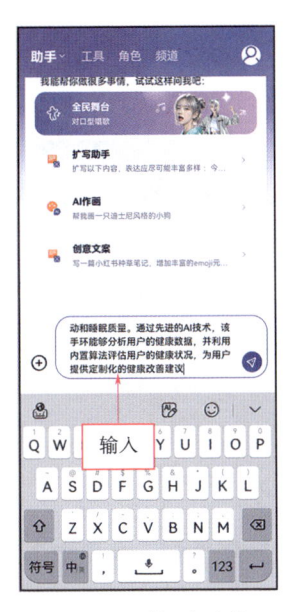

图 5-12　点击下方的输入框　　图 5-13　输入相应的指令　　图 5-14　生成相应分析报告

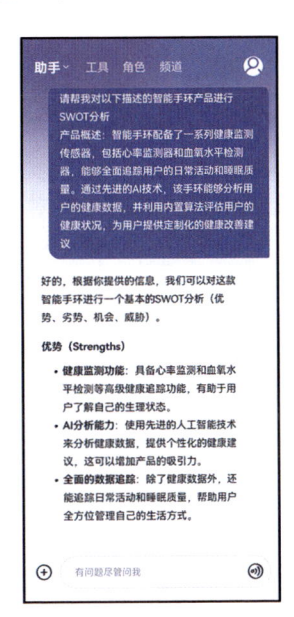

5.2.7　编导毕业生：职业规划的适宜建议

通义能够提供广泛的就业方向信息，包括不同行业的职业介绍、发展前景、所需技能等。同时，通义的知识库是实时更新的，能够确保提供的信息是最新的，有助于学生了解最新的就业趋势和市场需求。通义还能根据学生的具体情况给出职业规划建议，它可以分析不同职业的发展路径、晋升渠道、薪资水平等因素，帮助学生制定合理的职业规划。

打开通义 App，进入"助手"界面，点击下方的输入框，在输入框中输入相应的指令，点击右侧的发送按钮，即可得到通义回复的职业规划建议，相关指令和回复内容如下。

提问

请结合现在比较热门的短剧行业趋势，提供一下编导专业毕业生的职业规划建议。

通义

对于编导专业毕业生而言，短剧市场的兴起无疑提供了新的职业机遇和发展空间。以下是针对这一行业趋势的职业规划建议：

短期规划（1~2年）

学习与适应

技能提升：强化视频剪辑、剧本写作、导演技巧等核心技能，并且掌握短视频平台的特点和受众喜好。

实习经验：寻找相关领域的实习机会，比如加入短视频工作室、新媒体公司或者参与短剧项目的制作。

网络平台运营：学习如何在抖音、快手等平台上运营账号，积累粉丝基础，提高个人或作品的曝光度。

实践与创作

个人项目：利用业余时间创作自己的短剧作品，可以在网络上发布以获取反馈。

参与竞赛：参加各种短剧创作比赛，既可以锻炼能力又能增加获奖经历，有利于简历增色。

中期规划（3~5年）

职业发展

专业定位：根据兴趣和特长选择专攻的方向，比如编剧、导演、制片人等。

建立人际关系：积极参加行业内的交流活动，拓宽人际关系网，这对于找到更好的工作机会非常重要。

项目积累：争取参与到更多有影响力的项目中去，积累丰富的项目经验和良好的业界口碑。

创新探索

跨界融合：考虑将短剧与其他艺术形式（如动画、音乐）相结合，创造新颖的内容形式。

技术创新：关注AR/VR等新技术在短剧中的应用，尝试创新的叙事手法和技术实现手段。

5.2.8 美术课程框架：教学备课的合理设计

通义基于强大的自然语言处理能力和广泛的知识储备，能够为教师提供新颖的教学思路和方法，促进教学创新；能够根据教师的需求精准检索相关信息，节省教师在海量信息中筛选和查找的时间。在获取到相关信息后，通义还能帮助教师智能整合这些信息，形成条理清晰、逻辑连贯的课程框架和内容，从而更好地服务于备课和教学领域。

在通义 App 的"助手"界面的输入框中输入相应的指令，点击右侧的发送按钮，即可获得通义生成的课程框架，相关指令和回复内容如下。

提问

构建美术课程框架：含课程目标（技能提升、艺术理论知识）、课程结构（基础技法、创作实践、艺术理论讲解）、每周教学计划、评估方式（绘画考核、理论测试、进步评价），注重理论与实践结合，适应不同水平学员。

通义

构建一个全面而系统的美术课程框架是非常重要的，这不仅有助于学生系统地学习美术知识，还能激发他们的创造力和艺术潜能。下面是一个适合不同水平学员的美术课程框架示例：

课程目标

技能提升：通过系统学习，使学生能够掌握基本的绘画技巧，包括素描、色彩、构图等；并通过实践提升其绘画技能。

艺术理论知识：让学生了解艺术史、流派、风格及艺术家背景，增强艺术鉴赏能力。

课程结构

基础技法：教授绘画的基本元素和原则，如线条、形状、颜色、纹理等，以及如何使用不同的材料和工具。

创作实践：鼓励学生运用所学知识进行创作，从简单的静物画到复杂的主题作品。

艺术理论讲解：介绍艺术理论的基础概念，包括美学原理、艺术批评方法论、艺术流派的发展历程等。

每周教学计划

第1周至第4周：基础技法训练

第1周：线条与形状练习；介绍素描基础知识。

第2周：色彩理论与实践；色彩混合与配色方案。

第3周：构图原则；平衡、对比、节奏等。

第4周：材质体验；纸张、颜料、笔触等的不同效果。

第5周至第8周：创作实践

第5周：静物写生；观察与再现。

第6周：风景速写；户外写生或照片参考。

第7周：人物素描；比例与动态捕捉。

第8周：主题创作；根据个人兴趣选定主题进行创作。

……

> 温馨提示：
>
> 通义的知识库是动态的，能够实时更新，确保提供的信息是最新的，这对于涉及时事热点、科技发展等快速变化领域的课程尤为重要。

第 6 章
智能创作：运用智谱清言写作

　　智谱清言是北京智谱华章科技有限公司推出的一款生成式 AI 助手，它凭借其丰富的功能和广泛的应用场景，在工作和生活中为用户提供了极大的支持，其具备通用问答、多轮对话、创意写作、代码生成及虚拟对话等强大功能。本章将全面介绍智谱清言的核心功能、注册与登录及操作界面，并对其主要功能与应用案例进行具体讲解。

智慧职场——AI 工具让你轻松成为效率达人

6.1 智谱清言入门：操作与功能

智谱清言基于智谱 AI 自主研发的中英双语对话模型 ChatGLM2，该模型经过万亿字符的文本与代码预训练，并采用有监督微调技术，为用户提供智能化服务。本节将对智谱清言的核心功能、注册与登录，以及操作界面进行详细讲解。随着技术的不断发展和完善，相信智谱清言将会为用户带来更加便捷、高效、智能的服务体验。

6.1.1 工具介绍：注册与登录

智谱清言采用自然语言处理（natural language processing，NLP）技术和深度学习算法，通过大数据训练和知识检索与推理来实现其功能。其模型由清华大学 KEG 实验室和智谱 AI 公司共同训练，拥有千亿级别的参数量规模。

下面以图解的方式介绍智谱清言的 6 个核心功能，如图 6-1 所示。

通用问答	通用问答是智谱清言最基本也是最核心的功能之一，它能够理解和回答用户提出的各种类型的问题，无论是关于科学、技术、历史、文化、生活常识还是时事新闻等。通过强大的自然语言处理能力和知识库支持，智谱清言能够迅速提供准确、全面的答案，满足用户的即时信息需求
多轮对话	多轮对话功能使得智谱清言能够与用户进行更加深入、连续的交流，它不仅能够理解并回答用户的第一轮问题，还能根据用户的反馈和后续问题，进行上下文关联和逻辑推理，从而提供更加连贯、有针对性的回答。这种能力在处理复杂问题、进行情感交流或提供个性化建议时尤为重要
创意写作	创意写作是智谱清言的另一个亮点功能，它能够根据用户的创作需求，提供创意灵感、内容框架、高质量文案等支持。无论是写作小说、诗歌、广告文案还是演讲稿等，智谱清言都能为用户提供丰富的素材和参考，帮助用户打破创作瓶颈，提升作品质量，满足不同用户的个性化需求
代码生成与辅助	对于程序员和编程爱好者来说，智谱清言的代码生成与辅助功能无疑是一个强大的助手，它能够使用多种编程语言进行代码编写和调试，帮助用户快速生成代码模板、解答编程问题或提供编程建议。通过自然语言描述编程需求，智谱清言能够生成相应的代码片段，大大节省了编程的时间
个性化智能体定制	智谱清言允许用户根据自己的需求创建专属的智能体，这些智能体具备特定的技能、知识和性格特征，以便更好地服务于用户的特定场景和需求。例如，教师可以创建一个教学智能体来辅助备课和授课，分担教学工作量
知识推理	知识推理是智谱清言的一项高级功能，它允许系统基于已有的信息进行深层次的逻辑思考和推理，从而得出合理的结论

图 6-1 智谱清言的 6 个核心功能

第 6 章 智能创作：运用智谱清言写作

下面介绍注册并登录智谱清言网页版和手机版的操作方法。

1. 网页版的注册与登录

智谱清言网页版是一款集成了前沿 AI 技术的对话问答平台，其不仅强调技术深度，更注重用户体验的每一个细节，确保用户在享受 AI 带来的便捷服务时，能够获得流畅且愉悦的交互体验。注册与登录智谱清言的流程比较简单，用户只需几步即可完成。下面详细介绍注册与登录智谱清言网页版的操作方法。

▶▶ 步骤 1　在电脑中打开相应的浏览器，输入智谱清言的官方网址，打开官方网站，单击"立即体验"按钮，如图 6-2 所示。

图 6-2　单击"立即体验"按钮

▶▶ 步骤 2　执行操作后，进入智谱清言的首页，自动弹出注册与登录窗口，并自动选中"勾选即代表您阅读并同意《用户协议》与《隐私政策》未注册手机号将自动注册"复选框，用户可以微信扫码登录或者输入手机号、验证码，单击"登录"按钮，如图 6-3 所示。

图 6-3　单击"登录"按钮

执行操作后，即可登录智谱清言网页，如图 6-4 所示。

图 6-4　智谱清言的网页页面

2. 手机版的注册与登录

智谱清言 App 是一款功能强大、智能便捷的生成式 AI 助手应用，能够为用户在工作、学习和日常生活中提供全方位的帮助和支持。下面详细介绍注册与登录智谱清言 App 的操作方法。

▶▶ 步骤 1　打开手机中的应用商店，点击搜索栏，在搜索文本框中输入"智谱清言"，点击"搜索"按钮，即可搜索到智谱清言 App，点击 App 右侧的"安装"按钮，如图 6-5 所示。

▶▶ 步骤 2　执行操作后，即可开始下载并自动安装智谱清言 App，安装完成后，App 右侧显示了"打开"按钮，如图 6-6 所示。

▶▶ 步骤 3　点击"打开"按钮，进入智谱清言 App 的相应协议界面，点击"同意"按钮，如图 6-7 所示。

▶▶ 步骤 4　进入账号登录界面，选中相关协议复选框，点击"本机号码一键登录"按钮，如图 6-8 所示。

▶▶ 步骤 5　用户如果想用其他手机号登录，也可以点击底部的"其他手机号登录"按钮，切换至"验证码登录"界面，输入手机号，选中相应协议复选框，点击"验证码登录"按钮，如图 6-9 所示，将收到的验证码输入其中，进行登录操作。

▶▶ 步骤 6　执行操作后，即可注册并登录智谱清言 App，如图 6-10 所示。

第 6 章　智能创作：运用智谱清言写作

图 6-5　点击"安装"按钮

图 6-6　显示了"打开"按钮

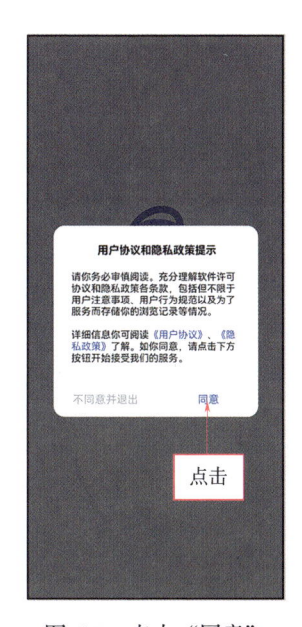

图 6-7　点击"同意"按钮

图 6-8　点击相应按钮

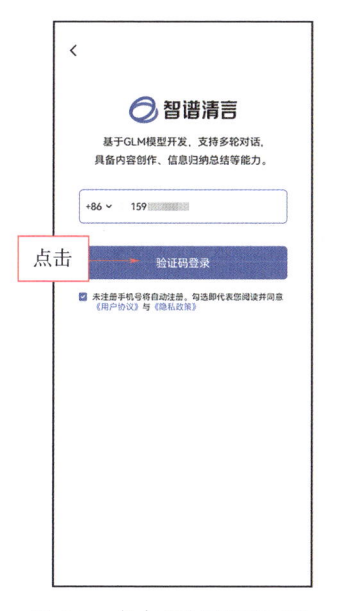

图 6-9　点击"验证码登录"按钮

图 6-10　智谱清言 App 界面

6.1.2　界面全览：了解其功能

智谱清言的界面布局简约而不失雅致，功能模块清晰，为用户呈现出一个高效、智能且充满探索乐趣的交互空间。智谱清言专注于语言处理与知识服务的深度整合，旨在为用户提供全方位、个性化的语言处理解决方案，覆盖阅读、学习、内容创作及沟通等多个维度。下面详细介绍智谱清言网页版和手机版界面的主要功能。

1. 网页版的页面与功能

智谱清言的官方网页设计精简而直观，便于用户快速上手，操作页面中展示了智谱清言的一些常用功能、推荐内容和个性化设置选项，其页面如图6-11所示。

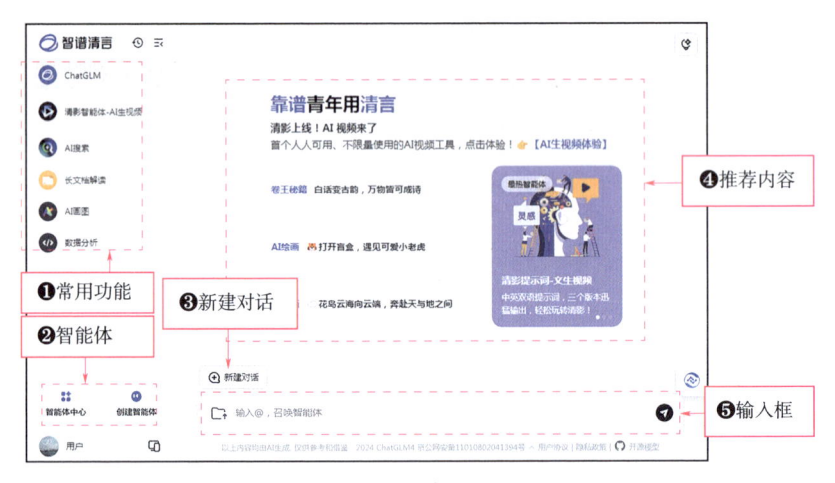

图 6-11 智谱清言页面

下面对智谱清言页面中的各主要部分进行相关讲解。

❶ **常用功能**：智谱清言作为一个集成多种人工智能服务的平台，其左侧的导航栏中包含平台的常用功能，下面进行简单讲解。

● ChatGLM：该功能是智谱清言的核心功能之一，提供基于自然语言处理技术的智能对话服务。用户可以通过文字输入与AI进行交流，获取信息、解答疑问、学习新知识等。

● 清影智能体-AI生视频：AI生视频是一款利用人工智能技术，能够根据用户输入的文本或语音指令自动生成相应视频内容的高科技产品。

● AI搜索：该功能利用人工智能技术搜索并优化结果，旨在为用户提供更准确、更符合需求的搜索服务。

● 长文档解读：该功能可以帮助用户快速理解长篇文档的核心内容，用户

第 6 章　智能创作：运用智谱清言写作

上传文档后，AI 会对文档进行摘要，提取关键信息。

● AI 画图：该功能允许用户通过文字描述生成图片，创作出相应的视觉图像，支持多种绘画风格和图像类型，用户可以自定义创作艺术作品、设计图案、生成场景等。

● 数据分析：该功能允许用户上传数据集，利用人工智能算法进行数据处理和分析，生成图表和报告，帮助用户洞察数据背后的信息。

❷ 智能体：在智谱清言页面的下方，"智能体中心"和"创建智能体"这两个按钮是平台提供的与智能体相关的功能入口，下面进行简单讲解。

● 智能体中心：在这里用户可以看到自己所有的智能体列表，包括每个智能体的名称、创建时间、状态等信息，还可以在其中搜索相应的智能体，如图 6-12 所示。

图 6-12　智能体中心页面

● 创建智能体：用户进入智能体创建流程，可以根据自己的需求定制智能体，包括为智能体命名、选择智能体类型、配置智能体的功能模块和参数等步骤，如图 6-13 所示。

❸ 新建对话：单击该按钮，用户可以开始一个全新的对话，这对于想要与 AI 进行不同话题讨论，或者需要针对不同问题获取解答的用户来说非常方便。

❹ 推荐内容：该区域可以帮助新用户快速了解平台的功能和特色，指导他们如何使用智谱清言进行有效的互动和信息检索。推荐系统会根据用户的历史行为和偏好来展示内容，提供个性化的推荐，这有助于用户快速地找到他们感兴趣的信息。

智慧职场——AI 工具让你轻松成为效率达人

图 6-13 配置智能体页面

❺ 输入框：输入框允许用户发起与 AI 的对话。用户输入文本后，AI 会根据输入的内容提供相应的回答或服务。用户可以在输入框中输入想要查询的信息或提出问题，这是与智谱清言平台的 AI 进行互动的主要方式之一。

2. 手机版的界面与功能

智谱清言 App 是一款基于中英双语对话模型 ChatGLM2 研发的生成式 AI 助手，其功能包括通用问答、多轮对话、创意写作、代码生成和虚拟对话等，它的设计理念强调精美与清晰，旨在为用户提供直观流畅的使用体验。智谱清言 App 的界面，如图 6-14 所示。

图 6-14 智谱清言 App 的界面

下面对智谱清言 App 界面中的各主要功能进行相关讲解。

❶ 个人中心：点击🔲按钮，即可进入个人中心界面，用户可以在该界面设置个人账号等信息，以及查看和编辑对话历史。

❷ 快捷入口：这是平台提供的各种服务的快捷入口，包括指令模板、热点问答和新功能推荐等，用户可以点击相应卡片，进行热点问答和搜索，或根据指令模板与 AI 进行互动。例如，点击"体验清影 - AI 生视频"卡片，即可进入该功能的体验界面。

❸ 语音输入功能：点击界面左下方的按钮🎤，点击"按住说话"按钮，用户即可通过语音的形式进行输入。

❹ 切换最新对话：点击按钮⊕，即可创建新对话。当用户在一个已经完成的对话界面，想新建一个其他话题的对话时，可以点击右上角的按钮…，在弹出的下拉列表框中点击"创建新对话"按钮⊕，即可成功创建一个新对话。

❺ 界面标签：用户可以点击"对话""智能体""广场"等标签，即可切换至相应的界面。例如，广场中有各种类型的角色，用户只需点击所需要的角色按钮，即可与相应角色进行对话。

❻ 输入框：点击输入框，用户可以在其中输入问题或指令，用来与 AI 进行互动。同时，也可以输入 @，召唤智能体。点击输入框中的📞按钮，可以与 AI 进行语音通话；点击⊕按钮，即可通过上传图片、拍摄及上传文件的形式，与 AI 进行交流。

6.2 智能创作与分析的应用

在智谱清言网页版的页面中会显示一些常用的功能，如长文档解读、AI 搜索、ChatGLM、数据分析等。此外，智谱清言网页版与智谱清言 App 都具备完善的对话问答功能，本节将针对智谱清言网页版和智谱清言 App 中的这些常用功能进行相关讲解，帮助大家更好地掌握智谱清言的实际应用。

6.2.1 科普文章译英：智能解读长文档

智谱清言基于千亿级别的语料库进行训练，这使得它能够深入理解各种语言现象，包括科普文章中的专业术语、复杂句式和逻辑结构。针对科普文章的特

智慧职场——AI 工具让你轻松成为效率达人

点，智谱清言在翻译过程中能够保留原文的科普风格和严谨性，确保翻译结果符合科普文章规范。使用智谱清言能够生成高质量、流畅自然的英文译文，帮助读者更好地理解原文内容。

下面介绍使用"长文档解读"功能将科普文章内容翻译为英文的操作方法。

▶▶ 步骤1 在智谱清言首页的左侧，选择"长文档解读"选项，进入"文档解读助手"页面，单击下方的上传按钮 ⬆，如图 6-15 所示。

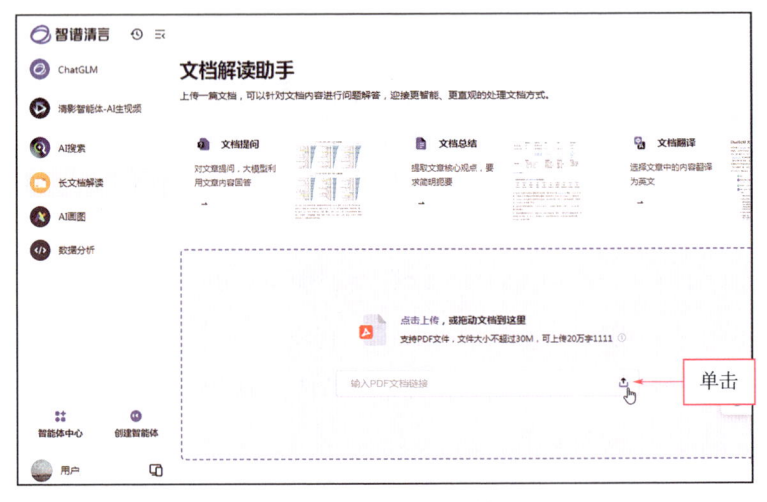

图 6-15 单击下方的上传按钮

▶▶ 步骤2 弹出"打开"对话框，在其中选择一篇科普文章，单击"打开"按钮，即可上传科普文章，并显示在页面中，如图 6-16 所示。

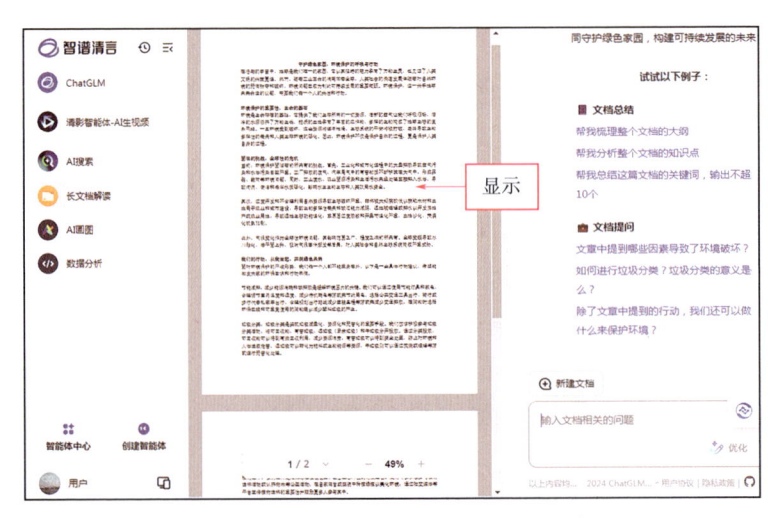

图 6-16 上传科普文章并显示在页面中

第6章 智能创作：运用智谱清言写作

▶▶ **步骤3** 在右下方的输入框中输入相应的指令，单击发送按钮▶，便可以得到智谱清言翻译的英文内容，相关指令和回复内容如下。

提问

> 请将文档内容翻译为英文。

智谱清言

> [File Name]
>
> Protecting Our Green Home: The Call and Action for Environmental Protection
>
> In the vast universe, Earth is our only home, nurturing all living beings with its unique charm and witnessing the rise and fall of human civilization. However, as the wave of industrial revolution swept across the globe, the rapid development of human society has been accompanied by relentless plunder and destruction of the natural environment.Environmental issues have become an important bottleneck restricting sustainable development.Environmental protection, a topic that concerns the future of our planet, requires the attention and action of every individual.
>
> The Importance of Environmental Protection: The Foundation of Life
>
> The environment is the foundation of life, providing us with all the resources we need to survive: clean air for breathing, clean water for nourishing life, fertile land for growing crops, and diverse species forming the complex network of Earth's ecosystem.Once the environment is damaged, these resources will gradually dry up, the balance of the ecosystem will be disrupted, and ultimately lead to the loss of biodiversity and the deterioration of the human living environment.Therefore, environmental protection is not only the process of protecting nature, but also the process of protecting ourselves.
>
> ……

智慧职场——AI 工具让你轻松成为效率达人

> 温馨提示：
> 　　在实际应用中，智谱清言已经成功完成了多篇科普文章的翻译工作，并获得了用户的好评。用户反馈表明，智谱清言在翻译科普文章时能够准确传达原文的意思，同时保持译文的流畅性和可读性。

6.2.2　教育政策：AI 搜索的高效应用

　　智谱清言能够准确理解用户输入的查询意图，并生成高质量的回答。智谱清言在搜索和整理教育政策信息时，会优先参考政府官网、权威机构发布的信息，以确保信息的权威性和可靠性，能够迅速从庞大的数据集中筛选出与用户问题最相关的教育政策信息。

　　另外，智谱清言可以生成详细的政策解读、政策对比、政策影响分析等多种形式的文本内容，以满足不同用户的需求。下面介绍使用"AI 搜索"功能搜索最新教育政策的方法。

　　▶▶ 步骤 1　在智谱清言首页的左侧，选择"AI 搜索"选项，进入"AI 搜索"页面，如图 6-17 所示。

图 6-17　进入"AI 搜索"页面

　　▶▶ 步骤 2　在下方的输入框中输入相应的指令，单击发送按钮 ⬆️，便可以得到智谱清言精准搜索的最新教育政策信息，相关指令和回复内容如下。

🧑 提问

> 　　搜索 2024 年 8 月最新国内教育政策，重点关注推进教育现代化、提高教育质量、培养多样化人才相关情况，并列出具体政策内容。

智谱清言

根据2024年8月最新发布的国内教育政策，以下是关于推进教育现代化、提高教育质量和培养多样化人才的相关内容总结：

推进教育现代化

1. 深化教育综合改革：

党的二十届三中全会审议通过的《中共中央关于进一步全面深化改革、推进中国式现代化的决定》提出，教育、科技、人才是中国式现代化的基础性、战略性支撑。要统筹推进教育科技人才体制机制一体改革，健全新型举国体制，提升国家创新体系整体效能。

推进数字化教育，赋能学习型社会建设，加强终身教育保障，为以中国式现代化全面推进强国建设、民族复兴伟业奠定坚实的基础。

2. 提升教育质量：

"双减"政策：自2021年7月24日以来，通过减轻义务教育阶段学生作业负担和校外培训负担，教育领域迎来深刻变革。政策强调优质创新与多维协同的发展理念，推进创新体验教育和跨界互动的教育模式，构建联动教育格局，创建家校协同与多元评价的发展范式。

高质量教育体系：加快建设高质量教育体系，推动基础教育扩优提质，促进学前教育普及普惠发展，办好寄宿制学校、乡村小规模学校等，提高基础教育育人水平。

提高教育质量

1. 优化教育资源配置：

建立同人口变化相协调的基本公共教育服务供给机制，完善义务教育优质均衡推进机制，建设高素质专业化教师队伍，健全师德师风建设长效机制。

推进有组织人才培养和科研，提升教育服务国家战略实施和经济社会发展的能力。

2. 教育改革成效：

党的十八大以来，我国教育现代化发展总体水平跨入世界中上国家行列，学前教育、义务教育普及程度达到高收入国家平均水平，高等教育进入世界公认的普及化阶段……

6.2.3　企业管理：风险防范建议的撰写

在企业经营的过程中，可能会面临法律法规风险、市场风险、技术风险、财务风险、业务风险、自然灾害风险、人才风险等诸多隐患，因此，风险防范也是企业管理中的重要项目，科学的企业管理能够帮助企业提高风险防范的意识。

科学的企业管理能力和水平并非一朝一夕形成的，需要企业经营经验的积累，且风险具有不确定性，因此，风险防范并不是一件易事。运用智谱清言，企业能够借助 AI 的力量获得很多风险防范的建议，从而间接地增强企业管理能力，降低了人力成本。

下面介绍使用智谱清言获取企业风险防范建议的操作方法。

▶▶ 步骤1　在智谱清言首页的左侧选择 ChatGLM 选项，进入其页面，如图 6-18 所示。

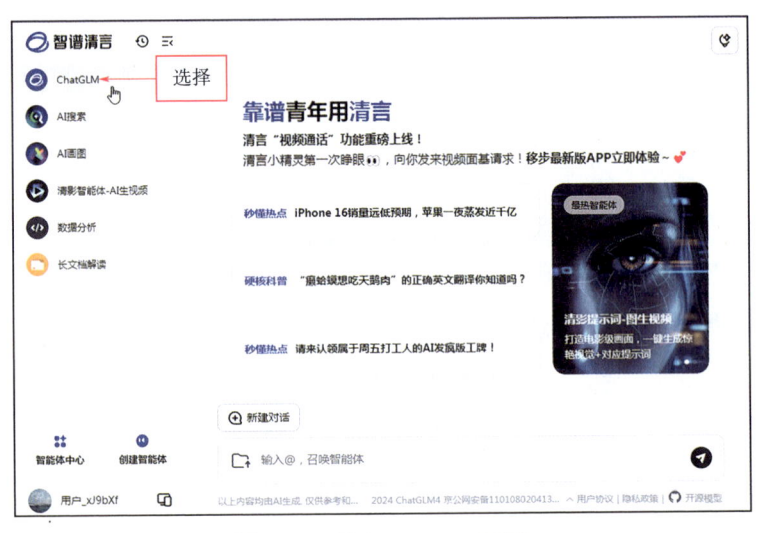

图 6-18　进入 ChatGLM 页面

▶▶ 步骤2　在下方的输入框中输入相应的指令，单击发送按钮，便可以得到智谱清言撰写的企业风险防范建议，相关指令和回复内容如下。

提问

请你充当风险管理顾问，从不同维度为家装家居公司提供一些风险防范的建议。

智谱清言

作为风险管理顾问，针对家装家居公司，我提供以下多维度风险防范建议：

1. 市场风险

跟踪市场趋势：通过市场调研了解消费者偏好和行业趋势，以便及时调整产品和服务。

多元化市场：开发不同价格层次的家居产品，以应对不同收入水平的消费者需求。

稳定供应链：建立稳固的供应商关系，确保原材料供应的稳定性和成本控制。

2. 信用风险

客户信用评估：对新客户进行信用评估，以减少坏账风险。

分散风险：与多个分销商和零售商合作，以分散依赖单一客户的风险。

3. 操作风险

内部流程优化：定期审查和优化内部流程，减少操作失误。

……

6.2.4 面试问题：面试资料的细致制定

智谱清言能够基于企业的岗位需求，提供一系列高质量的面试问题，帮助招聘人员更好地评估求职者。在面试过程中，招聘人员可以参考智谱清言提供的面试评估标准和方法，对求职者的表现进行客观、全面的评估。智谱清言还能根据求职者的回答和表现，提供进一步的评估建议和分析报告，帮助招聘人员作出更准确的决策，相关案例如下。

提问

你是一位经验丰富的人力资源总监，拥有22年的人力资源管理经验，请制定一份关于运营总监在供应链管理优化与风险管理策略上的10个面试问题，检验其应变与决策能力。

智慧职场——AI 工具让你轻松成为效率达人

智谱清言

1. 请简述您在供应链管理优化方面的成功案例，并说明您是如何识别和解决关键问题的？

2. 在供应链运营过程中，您如何评估和优化供应链的风险管理策略？请举例说明。

3. 面对突发事件（如自然灾害、政策变动等）对供应链造成的影响，您会如何迅速调整运营策略以降低风险？

4. 您认为在供应链管理中，哪些关键指标可以衡量供应链的优化效果？如何确保这些指标的有效性？

5. 请谈谈您在推动跨部门协作，优化供应链过程中的经验和方法，以及如何处理部门间的利益冲突？

6. 在供应链风险管理中，您如何平衡成本与风险之间的关系？请举例说明。

7. 您如何运用大数据和信息技术提升供应链的透明度和可追溯性，从而降低潜在风险？

8. 请描述一次您在供应链项目中遇到的重大挑战，以及您是如何带领团队克服困难，实现项目目标的？

9. 在供应链管理中，如何确保供应商的质量和稳定性？请分享您的经验和策略。

10. 假设公司即将面临一场行业变革，您作为运营总监，会如何制定供应链优化与风险管理策略，以应对这场变革？请详细阐述您的思路。

6.2.5 天气折线图：数据分析的智能制作

智谱清言能够整合多个气温数据源，提供准确、全面的气温信息，这为用户制作折线图提供了必要的数据基础。用户通过与智谱清言对话，获取未来 7 天的气温数据，并请求其对数据进行解析和整理，以便后续绘图使用。下面介绍在智谱清言页面中运用"数据分析"功能将北京未来 7 天的气温做个折线图的操作方法。

第6章 智能创作：运用智谱清言写作

▶▶ **步骤1** 在智谱清言首页的左侧，选择"数据分析"选项，进入"数据分析"页面，如图6-19所示。

图6-19 进入"数据分析"页面

▶▶ **步骤2** 在下方的输入框中输入相应的指令，单击发送按钮 ➤，便可以得到智谱清言生成气温数据与折线图，相关指令和回复内容如下。

提问

获取北京未来7天的气温数据，并制作折线图。

智谱清言

根据从中国天气网获取的数据，北京未来7天的气温预报如下：

2024年8月26日：最高气温23摄氏度，最低气温20摄氏度。

2024年8月27日：最高气温30摄氏度，最低气温18摄氏度。

2024年8月28日：最高气温30摄氏度，最低气温21摄氏度。

2024年8月29日：最高气温30摄氏度，最低气温21摄氏度。

2024年8月30日：最高气温29摄氏度，最低气温21摄氏度。

2024年8月31日：最高气温31摄氏度，最低气温22摄氏度。

2024年9月1日：最高气温29摄氏度，最低气温20摄氏度。

智慧职场——AI 工具让你轻松成为效率达人

接下来，我将使用这些数据来创建一个折线图，展示北京未来 7 天的气温变化趋势，如图 6-20 所示。

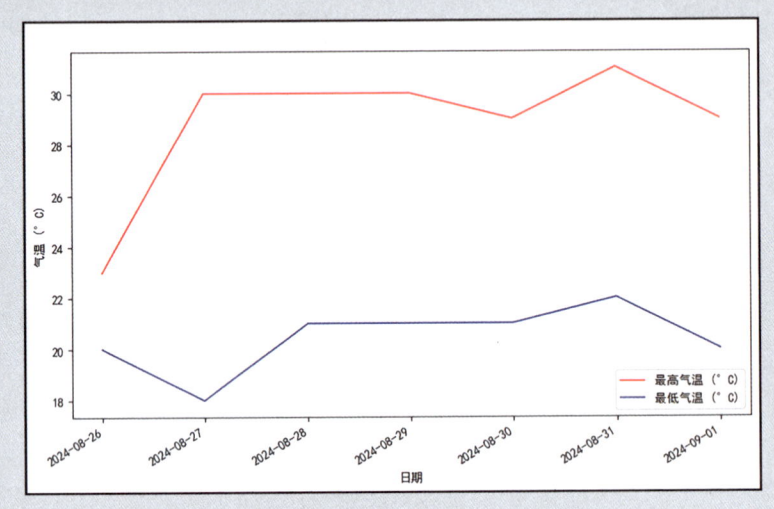

图 6-20　展示北京未来 7 天的气温变化趋势

这是北京未来 7 天的气温变化趋势折线图。图中展示了每天的最高气温和最低气温，可以帮助您更好地了解和预测未来的天气情况。如果您有其他关于数据分析或可视化的需求，请随时告诉我。

6.2.6　新媒体编辑：招聘文案的快捷生成

对于有招聘需求的企业来说，招聘启事是广纳人才的有效途径，智谱清言可以作为招聘助手，帮助企业快速生成高质量的招聘文案。企业可以根据自身品牌形象和招聘需求，对生成的招聘启事进行个性化定制，以便更好地吸引目标求职者。

通过招聘启事上的信息，企业可以找到有针对性的人才，求职者也可以有针对性地找到满意的工作。在智谱清言的帮助下，企业可以轻松获得特定岗位的招聘启事。

下面介绍使用智谱清言 App 生成一篇招聘文案的操作方法。

▶▶ 步骤1　打开智谱清言 App，进入"对话"界面，点击下方的输入框，如图 6-21 所示。

第 6 章　智能创作：运用智谱清言写作

▶▶ 步骤 2　执行操作后，在输入框中输入指令"请撰写一份新媒体文案编辑岗位招聘启事，强调需要擅长的软件，包括 Office 软件熟练度及文案创作能力，要求列出岗位的核心职责，明确岗位所需的学历、专业背景和工作经验要求，以及该岗位的福利待遇和发展空间"，如图 6-22 所示。

▶▶ 步骤 3　点击右侧的"发送"按钮，即可获得智谱清言生成的招聘启事，如图 6-23 所示。

图 6-21　点击下方的输入框

图 6-22　输入相应的指令

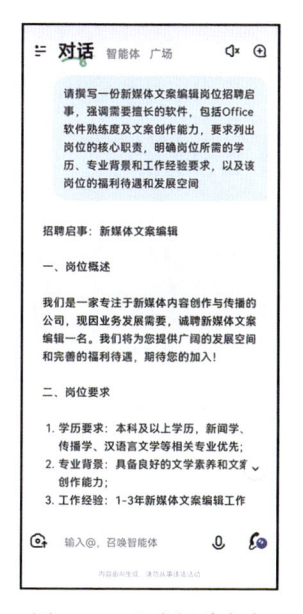

图 6-23　生成招聘启事

6.2.7　工作周报：运营总结的优质输出

在工作场景中，工作总结发挥着评估团队和个人的工作情况，提高团队的工作质量和个人工作能力的作用，同时还能够指导未来的工作。撰写工作总结在技巧上没有难度，但需要耗费大量的时间和精力，也十分考验人的总结能力和分析能力。

此时，运用智谱清言可以帮助用户快速梳理工作，从而提高撰写工作总结的效率。例如，让智谱清言生成小红书运营周报。打开智谱清言 App，进入"对话"界面，点击下方的输入框，在输入框中输入相应的指令，点击"发送"按钮，便可以得到智谱清言回复的小红书运营周报，相关指令和回复内容如下。

智慧职场——AI工具让你轻松成为效率达人

🙍 提问

请根据以下内容帮我写一份9月份第1周的工作周报。

1. 工作内容：写7篇小红书笔记，拍摄和剪辑4个视频，3组笔记配图。

2. 取得的进展：笔记的均点赞量在3000以上，有一篇笔记的点赞量达到了10000，收藏5000以上。

3. 下周计划：完成10篇小红书笔记的选题策划和写作，分析并总结笔记获得高点赞量和收藏量的原因和技巧。

🌀 智谱清言

工作周报（9月份第1周）

一、本周工作内容

1. 内容创作：本周共撰写了7篇小红书笔记，内容丰富多样，涵盖热点话题和实用信息。

2. 视频制作：拍摄并剪辑了4个视频，视频质量较高，提升了用户体验。

3. 图片制作：为3组笔记配备了精美的配图，增强了笔记的视觉效果。

二、本周取得的进展

1. 笔记互动情况：本周发布的7篇笔记均获得较高的点赞量，平均点赞量超3000，表现优异。

2. 爆文成果：其中一篇笔记点赞量突破10000，收藏量达到5000以上，成功打造了一篇爆文。

三、下周工作计划

1. 内容策划：完成10篇小红书笔记的选题策划和写作，确保内容质量和时效性。

2. 分析总结：针对本周笔记获得高点赞量和收藏量的原因，进行深入分析，总结经验和技巧，为后续内容创作提供参考。

3. 优化提升：根据分析结果，优化内容创作策略，提高笔记质量和互动率，努力打造更多爆文。

敬请领导批示！（签名）2024年10月第2周

6.2.8 前言、内容提要：图书创作的实力辅助

对于前言和内容提要这样的文本，需要具备一定的文采和深度，智谱清言的语言生成能力能够满足这一需求。智谱清言可以根据书籍的主题，进行深入的分析和理解，从而在前言和内容提要中准确传达书籍的主旨和精髓，帮助用户更好地完成书籍前言与内容提要的撰写工作。

在生成前言和内容提要时，智谱清言能够为用户提供清晰的内容框架，有助于用户更好地组织文本结构。在智谱清言App的"对话"界面中输入相应的指令，点击右侧的发送按钮，即可获得智谱清言生成的前言和内容提要，相关指令和回复内容如下。

提问

请为《新手妈妈育儿手册》这本书，生成一篇前言，概述科学育儿的方法，解决新手宝妈育儿痛点。还要生成一篇内容提要，体现书籍的主要内容，强调读者定位。

智谱清言

思考：

1. 前言内容：需要概括科学育儿的核心方法，并针对新手妈妈的痛点提供解决方案。这包括理解婴儿的需求、建立良好的作息规律、营养搭配、早期教育等。

2. 内容提要内容：应体现书籍的主要内容，包括各章节的概要，如婴儿护理、营养与喂养、睡眠训练、早期教育等。同时，要强调书籍的读者定位，即新手妈妈，以及如何帮助她们更好地应对育儿挑战。

执行：

前言

《新手妈妈育儿手册》是一本专为新手妈妈设计的育儿指南。在这本书中，我们将为您提供科学的育儿方法，帮助您解决育儿过程中的痛点。我们理解，作为新手妈妈，您可能会感到困惑和焦虑，但请相信，通过科学的方

法和正确的指导,您一定能够成为一名优秀的妈妈……

内容提要

《新手妈妈育儿手册》是一本专为新手妈妈设计的育儿指南。本书主要内容包括……

【AI 图片与设计】

第 7 章
AI 绘画：运用文心一格生成图片

文心一格是百度依托飞桨深度学习平台和文心超大规模预训练模型的技术创新，精心打造的一款创新性的 AI 艺术和创意辅助平台，旨在赋能设计师、艺术家及创意爱好者，提供智能化的艺术创作和创意辅助服务。本章将全面介绍文心一格的核心功能、注册与登录、操作界面，并对其主要功能与应用案例进行具体讲解。

智慧职场——AI 工具让你轻松成为效率达人

7.1 文心一格入门：功能与优势

文心一格的核心是文心大模型，该模型从数万亿数据和数千亿知识中融合学习，具备知识增强、检索增强和对话增强的技术优势。用户只需输入简单的描述，模型就能自动从视觉、质感、风格、构图等角度智能补充，生成更加精美的图片。

本节主要介绍文心一格的核心功能、注册与登录及操作页面。未来，随着 AI 技术在艺术领域的不断发展，文心一格有望为艺术创作带来更多的可能性和想象空间。

7.1.1 工具介绍：注册与登录

文心一格搭载了图像识别、风格迁移、生成对抗网络等业界领先的 AI 技术，实现了绘画创作的智能化。通过深度学习和大数据分析，能够准确识别上传的图片内容，并将用户选择的风格应用到生成的绘画作品中，使其更加逼真、细腻。

下面以图解的方式介绍文心一格的 6 个核心功能，如图 7-1 所示。

智能图像生成	用户只需输入简单的语言描述，如"山水画"或"未来城市"，文心一格就能根据这些描述，结合其内置的多种绘画风格（如油画、水彩、素描等），自动生成与之匹配的图像。这一功能极大地提高了绘画的效率，即使是没有专业绘画技能的用户也能轻松创作出精美的艺术作品
多样化风格选择	文心一格提供了多样化的绘画风格供用户选择，这些风格涵盖了从传统到现代，从写实到抽象的各种类型，满足了用户对不同艺术风格的需求。用户可以根据自己的喜好和创作需求，选择合适的风格进行创作，使得每一幅作品都独具特色
智能优化与编辑	除了基本的图像生成功能外，文心一格还提供了智能优化和编辑功能。用户可以对生成的图像进行进一步的优化和调整，如改变色彩、调整构图、添加特效等，以使其更加符合自己的创作意图。此外，文心一格还支持用户进行多轮交互，通过不断优化和编辑，提升画作的质量
人机共创与灵感激发	文心一格不仅仅是一个自动化的创作工具，它更注重与用户之间的互动和共创。平台内置了丰富的创意库，能够在用户遇到创作瓶颈时提供及时的启发和帮助。用户可以通过与文心一格的互动，激发自己的创意灵感，创作出更丰富的作品
高分辨率输出与应用	文心一格生成的图像具有高分辨率，可以满足用户在不同场景下的使用需求。用户可以将生成的图像应用于广告设计、产品包装、社交媒体分享等多种场景，展现自己的创意和个性。同时，文心一格还支持用户将作品导出为多种格式，方便用户在不同平台和设备上进行使用和分享
智能补充与辅助	用户输入简单的描述后，模型能自动从视觉、质感、风格、构图等角度进行智能补充，生成更加精美的图片。除了直接生成画作外，文心一格还能作为创意辅助工具，帮助艺术家和设计师寻找灵感或作为初步设计的参考

图 7-1 文心一格的 6 个核心功能

第 7 章　AI 绘画：运用文心一格生成图片

1. 网页版的注册与登录

文心一格是源于百度在人工智能领域的持续研发和创新的一款产品。百度在自然语言处理、图像识别等领域中积累了深厚的技术实力和海量的数据资源，以此为基础不断推进人工智能技术在各个领域的应用。下面介绍注册并登录文心一格的操作方法。

▶▶ 步骤 1　打开相应的浏览器，输入文心一格的官方网址，打开网站，如图 7-2 所示。

图 7-2　打开文心一格的官方网站

▶▶ 步骤 2　在网页的右上角位置，单击"登录"按钮，进入相应页面，提示用户需要使用百度 App 扫码登录，如图 7-3 所示。

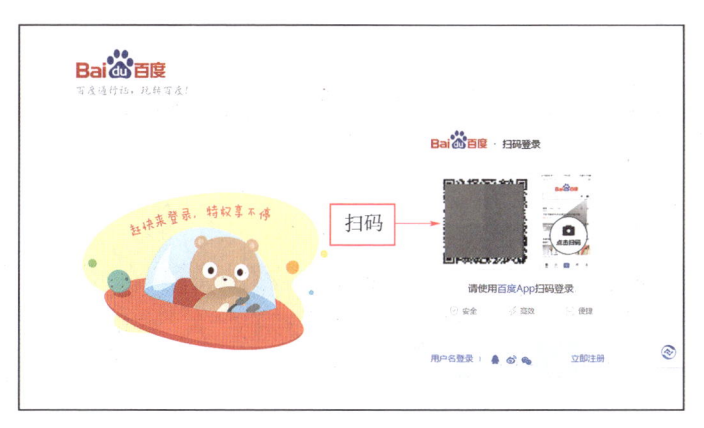

图 7-3　提示用户需要使用百度 App 扫码登录

▶▶ 步骤 3　在手机上打开百度 App，进入主界面，点击"我的"标签，如图 7-4 所示。

智慧职场——AI工具让你轻松成为效率达人

▶▶ 步骤4 进入"我的"界面,点击右上角的扫一扫按钮,如图7-5所示。

▶▶ 步骤5 打开扫码界面,扫描图7-3中的二维码,此时手机上提示扫码登录信息,点击"确认登录"按钮,如图7-6所示。

图7-4　点击"我的"标签　　　图7-5　点击扫一扫按钮　　　图7-6　点击"确认登录"按钮

▶▶ 步骤6 执行操作后,即可登录文心一格账号,页面中显示了账号的相关信息和电量,如图7-7所示。

图7-7　显示了账号的相关信息和电量

2. 手机版的注册与登录

文心一格是一个非常有潜力的 AI 绘画工具，可以帮助用户实现更高效、更有创意的绘画创作，帮助大家实现"一语成画"，更轻松地创作出引人入胜的精美画作。下面介绍注册与登录文心一格小程序的操作方法。

▶▶ 步骤1 打开"微信"界面，如图 7-8 所示。

▶▶ 步骤2 从上往下滑动界面，进入"最近"界面，点击"搜索"按钮，如图 7-9 所示。

▶▶ 步骤3 输入需要搜索的内容"文心一格"，即可显示搜索到的小程序，如图 7-10 所示。

图 7-8 打开"微信"界面

图 7-9 点击"搜索"按钮

图 7-10 显示搜索到的小程序

▶▶ 步骤4 点击"文心一格"小程序，进入"文心一格"界面，点击底部的"我的"按钮，如图 7-11 所示。

▶▶ 步骤5 执行操作后，进入"我的"界面，点击界面中间的"点击登录"按钮，或者点击左上角的"登录"按钮，如图 7-12 所示。

▶▶ 步骤6 弹出"一键登录"面板，选中"登录代表已阅读并同意百度用户协议和百度隐私权保护声明"复选框，点击"一键登录"按钮，如图 7-13 所示。

智慧职场——AI工具让你轻松成为效率达人

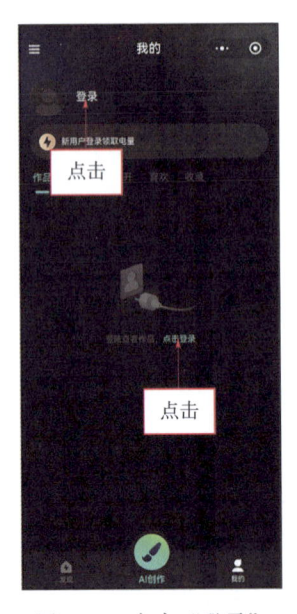

图7-11　点击"我的"按钮　　图7-12　点击"登录"按钮　　图7-13　点击"一键登录"按钮

▶▶步骤7　弹出"用户隐私保护提示"面板，点击"同意"按钮，如图7-14所示。

▶▶步骤8　执行操作后，用户获取并验证手机号后，即可成功登录文心一格，如图7-15所示。

图7-14　点击"同意"按钮　　图7-15　成功登录文心一格

7.1.2 界面全览：了解其功能

文心一格的操作页面简洁、友好，旨在通过人工智能技术帮助用户轻松实现创意绘画。下面详细介绍文心一格网页版和手机版的主要界面功能。

1. 网页版的页面与功能

在文心一格的主页中，单击顶部导航栏中的"AI 创作"标签，即可切换至"AI 创作"页面，如图 7-16 所示，在其中用户通过输入关键词、选择画面类型、调整画幅比例、设置生图数量等步骤，即可轻松实现自己的创意绘画想法。

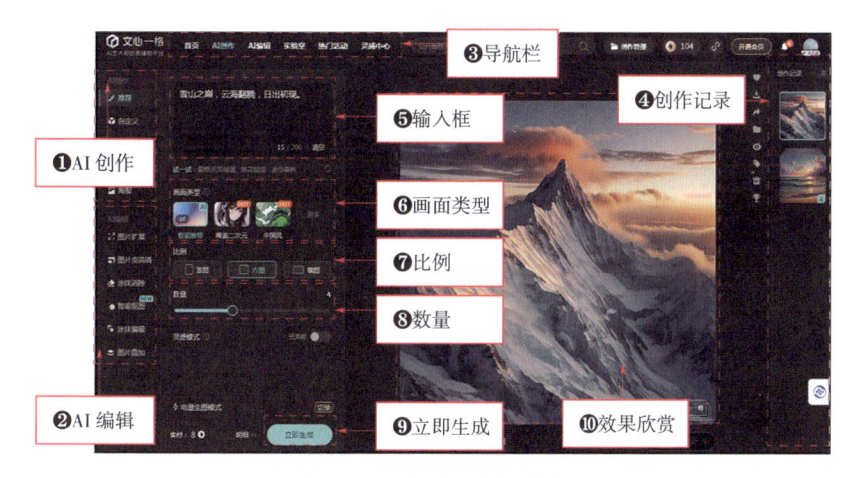

图 7-16 "AI 创作"页面

下面对"AI 创作"页面中的各主要功能进行相关讲解。

❶ AI 创作：这是文心一格"AI 创作"页面的核心功能，包括推荐、自定义、商品图、艺术字、海报等，利用 AI 技术可以自动生成相关的创意画作。

❷ AI 编辑：允许用户对生成的画作进行调整和优化，包括图片扩展、图片变高清、涂抹消除、智能抠图及涂抹编辑等，允许用户进一步提升画作质量。

❸ 导航栏：位于页面顶部，包括"首页""AI 创作""AI 编辑""实验室""热门活动""灵感中心"等标签，帮助用户轻松导航至所需页面。

❹ 创作记录：允许用户查看和管理自己之前生成的作品，用户可以在该面板中找到之前创作的所有画作，进行查看、编辑、下载、分享或删除等操作。这一功能有助于用户整理自己的创作成果，并方便日后回顾和复用。

❺ 输入框：这是用户与 AI 创作功能交互的关键入口，用户可以在此输入与画作主题相关的文字描述，如"海底的海星""冬日梅花"等，这些描述将成为

智慧职场——AI 工具让你轻松成为效率达人

AI 生成画作的基础，引导模型理解用户的创作意图。

❻ **画面类型**：文心一格提供了多种画面类型，如二次元、中国风、插画、超现实主义、像素艺术等，用户可以根据创作需求为画作选择合适的风格。

❼ **比例**：允许用户为生成的画作指定画幅比例，如竖图、方图或横图。这一功能有助于用户根据使用场景（如社交媒体分享、广告海报制作等）调整画作的布局和视觉效果。

❽ **数量**：允许用户指定希望生成的画作数量。在文心一格中，用户可以通过拖动滑块来确定生成画作的数量。但请注意，每生成一幅画作需要消耗一定的资源（如"电量"），因此，建议用户根据实际情况选择适当的数量。

❾ **立即生成**：完成所有设置后，用户单击"立即生成"按钮，即可启动 AI 创作过程。

❿ **效果欣赏**：可以预览生成的画作效果，供用户查看和编辑。

2. 手机版的界面与功能

文心一格手机版是小程序，其界面设计简洁明了且功能强大，为用户提供了便捷且富有创意的 AI 绘画体验。下面以文心一格小程序为例，介绍界面中的各主要功能，如图 7-17 所示。

图 7-17　文心一格小程序界面

下面对文心一格小程序界面中的各主要功能进行相关讲解。

❶ 搜索框：点击搜索框，即可跳转至搜索界面，输入画作关键词进行搜索，即可搜到画作模板，用户可以点击感兴趣的公开画作，点击"我也画"按钮，进行创作。

❷ 活动推荐：点击缩略图，跳转至活动界面，用户即可查看或参与相应活动。

❸ AI 创作：AI 创作是文心一格的核心功能区域，提供了多种风格的模板，用户可以在"AI 创作"界面中输入指令或推荐词，文心一格会根据输入的内容生成相应的图片。

❹ 创作模板：该区域是 AI 创作的特色功能区域，标签名为"玩点有趣的"，包括二次元画室、AI 艺术字、AI 绘画和 AI 配图，用户可以点击感兴趣的模板进行创作。

❺ 发现：这是一个专门展示 AI 生成艺术作品的区域，用户可以在此欣赏到很多优秀的 AI 画作，同时这些作品也展示了 AI 在艺术创作领域的强大能力。此外，在"发现"标签下，点击图片，即可参与"我也画"创作。

❻ 界面标签：用户可以选择界面底部的相应选项，进行功能界面的切换。例如，选择"我的"选项，即可切换至文心一格的用户个人中心区域，它为用户提供了个性化的服务和管理功能，主要功能包括账号管理和作品管理等内容。

7.2 AI 绘画与设计的智能应用

文心一格通过人工智能技术的应用，为用户提供了一系列高效、具有创造力的 AI 创作工具和服务，让用户在艺术和创意创作方面能够更自由、更高效地实现自己的创意想法。本节主要介绍使用文心一格网页版和手机版进行 AI 绘画的方法，让用户掌握"一语成画"的技能。

7.2.1 儿童绘本：插画图片的精美设计

绘本插画能够以直观、生动的图像语言补充或强化文字内容，帮助读者更好地理解故事情节、角色性格和场景氛围。有时插画甚至能传达出文字难以直接表达的情感和细节。

智慧职场——AI 工具让你轻松成为效率达人

对于儿童尤其是低龄儿童来说，视觉吸引力是吸引他们阅读的重要因素。色彩鲜艳、形象可爱的插画能够迅速抓住孩子的眼球，激发他们的阅读兴趣。绘本插画为读者提供了广阔的想象空间，尤其是那些留有一定空白或隐喻的插画，能够激发读者的想象力，让他们根据自己的理解和感受去填充和完善故事。

使用文心一格可以轻松创作出极具吸引力的绘本插画，效果如图 7-18 所示。

图 7-18　效果欣赏

下面介绍使用文心一格设计儿童绘本插画的操作方法。

▶▷ 步骤 1　打开相应的浏览器，输入文心一格的官方网址，打开官方网站，在"AI 创作"页面中，切换至"自定义"选项卡，输入相应的提示词，指导 AI 生成特定的图像，如图 7-19 所示。

图 7-19　输入相应的提示词

第 7 章　AI 绘画：运用文心一格生成图片

▶▶ 步骤 2　在下方设置"尺寸"为 4∶3、"数量"为 2，表示生成两张 4∶3 尺寸的绘本插画，如图 7-20 所示。

图 7-20　设置各参数

▶▶ 步骤 3　单击页面下方的"立即生成"按钮，即可生成两张儿童绘本插画，单击生成的插画，即可放大预览插画效果，如图 7-21 所示。

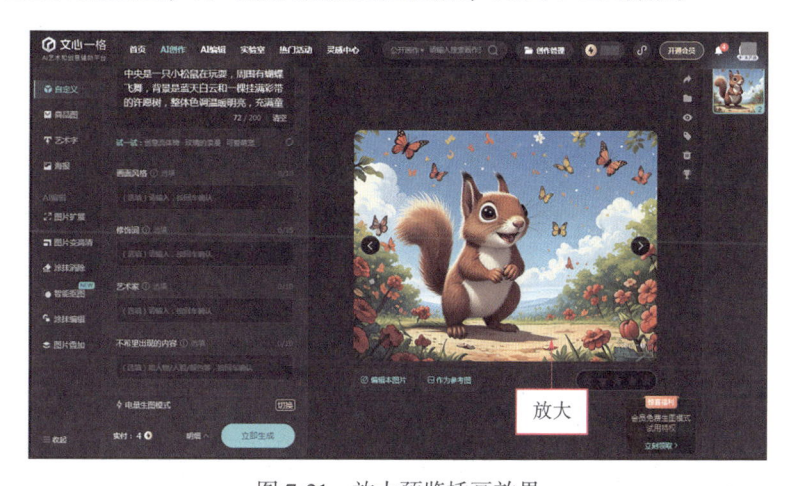

图 7-21　放大预览插画效果

7.2.2　山水美景：国风图片的唯美创作

中国风的山水图片往往蕴含着丰富的传统文化元素，如山水画的意境、诗词的韵味等，能够唤起人们对自然美景的向往和怀念之情，增强人们对自然环境的保护意识和责任感。这类图片可以作为地理和生态科普的辅助材料，效果如图 7-22 所示。

智慧职场——AI 工具让你轻松成为效率达人

图 7-22 效果欣赏

下面介绍使用文心一格设计中国风山水图片的操作方法。

▶▶ 步骤 1 打开文心一格的官方网站，单击"AI 创作"标签，切换至"AI 创作"页面，在"推荐"选项卡中输入相应的提示词，指导 AI 生成特定的图像，在下方设置"画面类型"为"中国风"，如图 7-23 所示。

▶▶ 步骤 2 在下方设置"比例"为"方图""数量"为 2，指生成两张 AI 方图，单击"立即生成"按钮，如图 7-24 所示，即可生成两张中国风的山水图片。

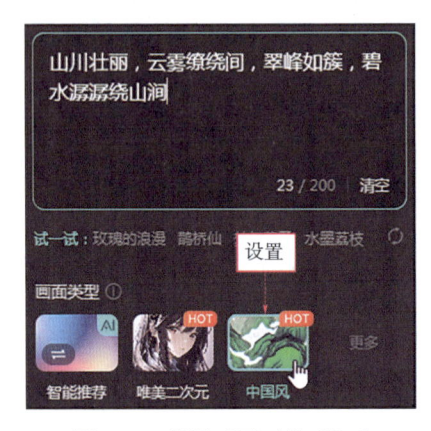

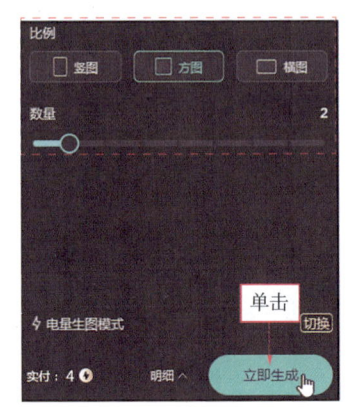

图 7-23 设置"画面类型"为"中国风"

图 7-24 单击"立即生成"按钮

7.2.3 萌宠照片：以文生图的创意生成

对于新手来说，可以直接使用文心一格的"推荐"AI 绘画模式，只需输入提示词（该平台也将其称为创意），即可让 AI 自动生成画作，效果如图 7-25 所示。

第 7 章　AI 绘画：运用文心一格生成图片

图 7-25　效果欣赏

下面介绍在文心一格中使用提示词生成 AI 图片的操作方法。

▶▶ 步骤1　打开文心一格的官方网站，单击"AI 创作"标签，切换至"AI 创作"页面，输入相应的提示词，指导 AI 生成特定的图像，如图 7-26 所示。

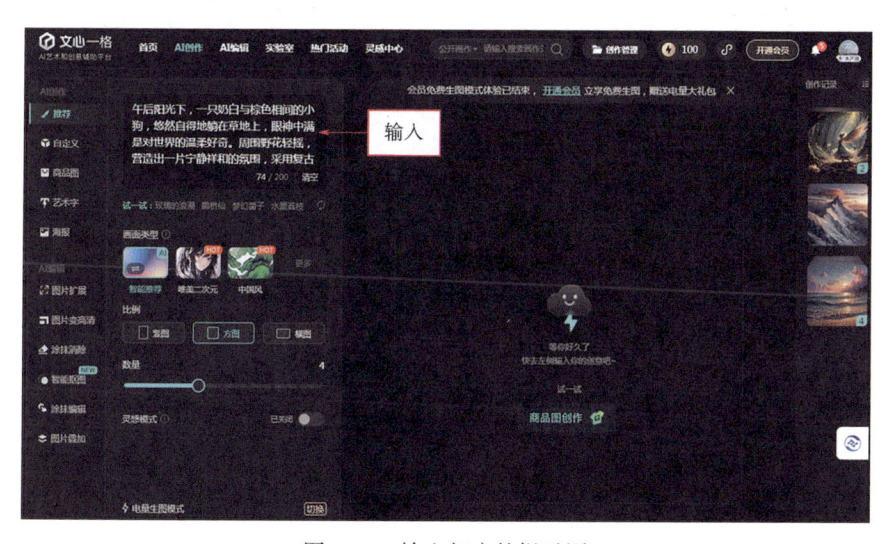

图 7-26　输入相应的提示词

▶▶ 步骤2　在下方设置"数量"为 2，单击"立即生成"按钮，如图 7-27 所示。

▶▶ 步骤3　执行操作后，即可生成两幅 AI 绘画作品，效果如图 7-28 所示。

▶▶ 步骤4　单击生成的图片，即可放大预览图片效果，如图 7-29 所示。

智慧职场——AI 工具让你轻松成为效率达人

图 7-27 单击"立即生成"按钮

图 7-28 生成两幅 AI 绘画作品

图 7-29 放大预览图片效果

第 7 章 AI 绘画：运用文心一格生成图片

7.2.4 唯美夕阳：以图生图的智能助手

使用文心一格的"上传参考图"功能，用户可以上传任意一张图片，通过文字描述想修改的地方，实现以图生图的效果，如图 7-30 所示。

图 7-30 效果欣赏

下面介绍使用文心一格上传参考图片以图生图的操作方法。

▶▶ 步骤 1 在"AI 创作"页面中，切换至"自定义"选项卡，单击"上传参考图"下方的按钮 ，如图 7-31 所示。

▶▶ 步骤 2 执行操作后，弹出"打开"对话框，选择相应的参考图，如图 7-32 所示。

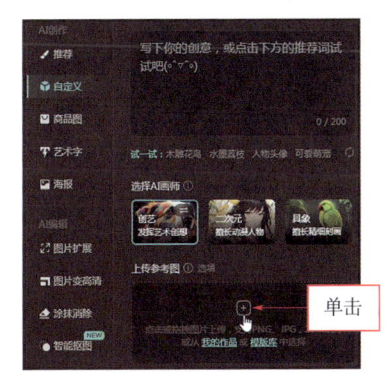

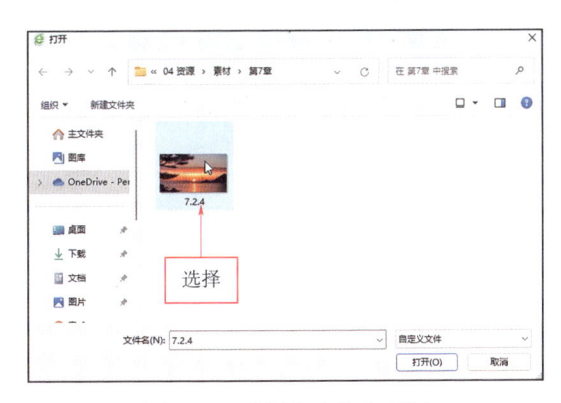

图 7-31 单击相应按钮　　图 7-32 选择相应的参考图

▶▶ 步骤 3 单击"打开"按钮，即可上传参考图，输入相应的提示词，指导 AI 生成特定的图像，在下方设置"影响比重"为 8，该数值越大参考图的影响就越大，如图 7-33 所示。

智慧职场——AI 工具让你轻松成为效率达人

▶▶ 步骤 4 在下方设置"尺寸"为 4∶3,更改图片的生成比例;设置"数量"为 2,生成两张 AI 图片,如图 7-34 所示。

▶▶ 步骤 5 单击"立即生成"按钮,即可生成唯美的夕阳风光图片,单击生成的图片,即可放大预览图片效果,如图 7-35 所示。

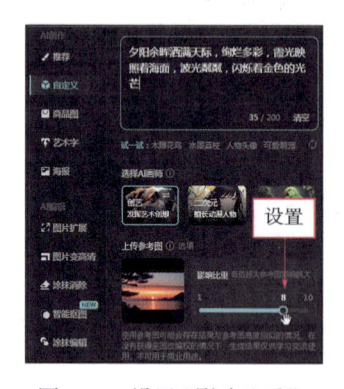

图 7-33 设置"影响比重"为 8

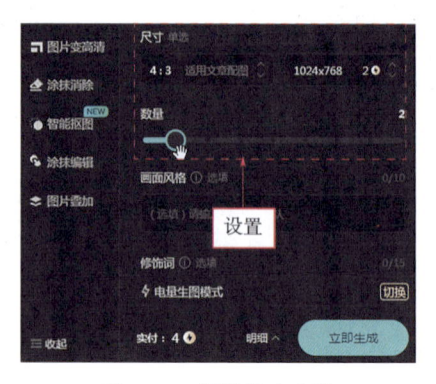

图 7-34 设置相应参数

图 7-35 放大预览图片效果

7.2.5 自然风光:高清图片的匠心设计

在文心一格中可以使用"自定义"功能生成 2048×2048 像素的高清图像,这样的高分辨率图像能够提供更丰富的细节和更清晰的视觉效果,尤其适合用于打印、广告、电影特效或高质量的数字艺术展示,效果如图 7-36 所示。

第 7 章　AI 绘画：运用文心一格生成图片

图 7-36　效果欣赏

> 温馨提示：
> 　　使用文心一格生成高清图片后，由于高清图片的文件大小通常较大，因此，需要足够的存储空间来保存它们。此外，在分享或发布这些图像时，还需要考虑网络带宽和加载时间等因素，以确保用户能够顺畅地查看和下载。

下面介绍使用文心一格生成高清风光图像的操作方法。

▶▶ 步骤 1　在"AI 创作"页面中，切换至"自定义"选项卡，输入相应的提示词，指导 AI 生成特定的图像，如图 7-37 所示。

图 7-37　输入相应的提示词

▶▶ 步骤 2　在"尺寸"选项区中，单击分辨率右侧的微调按钮，在弹出的下拉列表框中选择 2048×2048 选项，如图 7-38 所示，指导 AI 生成高清图像。

图 7-38　选择 2048×2048 选项

▶▶ 步骤 3　在下方设置"数量"为 2，单击"立即生成"按钮，如图 7-39 所示，即可生成两幅高清的风光图像，显示在右侧窗格中，图像分辨率为 2048×2048。

图 7-39　单击"立即生成"按钮

7.2.6　趣味"乐"字：艺术字体的个性创作

艺术字通过独特的造型、色彩和布局，能够迅速吸引人们的注意力。在品牌宣传或节日活动中，使用艺术字作为海报、横幅、邀请函或现场装饰的一部分，能够瞬间提升整体的视觉效果，让活动更加引人注目。使用文心一格小程序设计的 AI 艺术字效果如图 7-40 所示。

下面介绍使用文心一格小程序设计 AI 艺术字的操作方法。

第 7 章　AI 绘画：运用文心一格生成图片

▶▶ 步骤 1　打开文心一格小程序，进入"文心一格"界面，点击"AI 艺术字"缩略图，如图 7-41 所示。

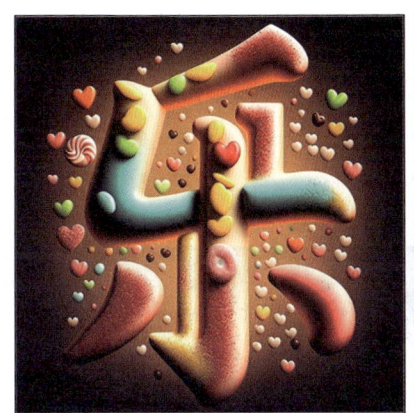

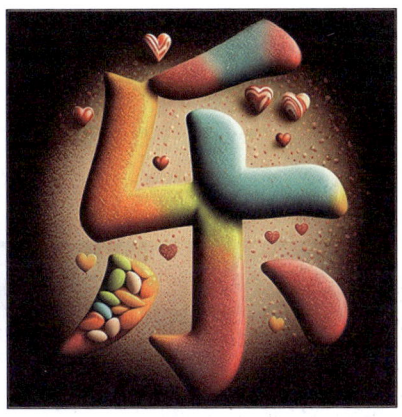

图 7-40　效果欣赏

▶▶ 步骤 2　进入"AI 创作"界面，切换至"AI 艺术字"选项卡，输入中文内容"乐"，并输入相应的提示词内容，指导 AI 生成特定的图像，如图 7-42 所示。

▶▶ 步骤 3　点击"立即生成"按钮，即可生成 4 张 AI 艺术字图片，效果如图 7-43 所示。

图 7-41　点击相应缩略图 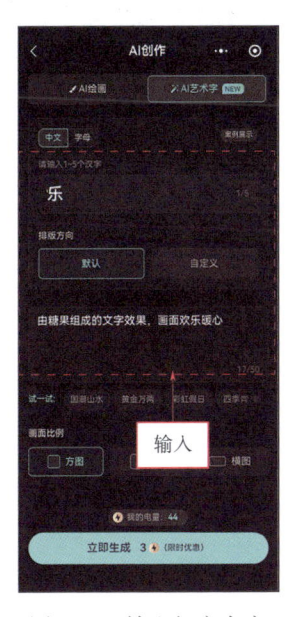　　图 7-42　输入相应内容 　　图 7-43　生成 AI 艺术字图片

7.2.7 科幻动画：场景图片的精细描绘

科幻动画片往往构建了一个与现实世界不同的虚构宇宙或未来世界，场景图片通过精细的设计和描绘，能够生动地展现这个虚构世界的风貌、建筑风格、科技水平等，从而帮助观众快速融入并理解这个新的世界观。在一些学校或教育机构的课程中，科幻动画被用作教学材料，帮助学生理解复杂的概念或理论，效果如图 7-44 所示。

图 7-44 效果欣赏

下面介绍使用文心一格小程序设计科幻动画片场景图片的操作方法。

▶▷ 步骤1 打开文心一格小程序，进入"文心一格"界面，点击底部的"AI 创作"按钮，如图 7-45 所示。

▶▷ 步骤2 进入"AI 创作"界面，在上方输入相应的提示词，指导 AI 生成特定的图像，在下方设置"尺寸"为"横图"，如图 7-46 所示，点击"立即生成"按钮，即可生成 4 张科幻动画片场景的横图。

第 7 章　AI 绘画：运用文心一格生成图片

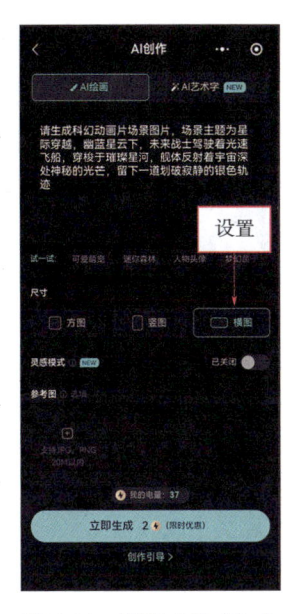

图 7-45　点击"AI 创作"按钮　　图 7-46　设置"尺寸"为"横图"

7.2.8　二次元少年：漫画图片的新意打造

对于喜欢二次元文化的人来说，漫画少年图片是一种重要的娱乐和放松方式，它们色彩鲜艳、造型独特，融合了绘画、设计、色彩等多种元素，展现出独特的审美价值，对于艺术家和设计师来说，这些图片可以提供灵感和创意，促进艺术的创新和发展。

在商业领域，二次元漫画少年图片被广泛应用于广告、游戏、动漫、玩具等产品的推广中，它们能够吸引目标消费群体的注意，增加产品的吸引力和销售量。同时，这些图片也成为品牌塑造和营销的重要手段之一，效果如图 7-47 所示。

下面介绍使用文心一格小程序设计二次元漫画少年图片的操作方法。

▶▶ 步骤 1　点击"文心一格"小程序，进入"文心一格"界面，点击"二次元画室"缩略图，如图 7-48 所示。

▶▶ 步骤 2　进入"二次元画室"界面，输入相应的提示词，指导 AI 生成特定的图像，在下方设置"尺寸"为"竖图"，如图 7-49 所示。

▶▶ 步骤 3　点击"立即生成"按钮，即可生成 4 张二次元漫画少年图片，效果如图 7-50 所示。

145

智慧职场——AI 工具让你轻松成为效率达人

图 7-47 效果欣赏

图 7-48 点击相应缩略图

图 7-49 设置"尺寸"为"竖图"

图 7-50 生成 4 张二次元图片

第 8 章
智能生图：运用天工 AI 一语成画

　　天工 AI 是一款由昆仑万维团队自主研发的强大而全面的 AI 工具，它在国内的 AI 搜索领域占据了主导地位，集多种功能于一体，具备强大的生成式 AI 技术。本章将全面介绍天工 AI 的核心功能、注册与登录及操作界面，并对其主要功能与应用案例进行具体讲解，解锁其智能生图、一语成画的强大功能。

智慧职场——AI 工具让你轻松成为效率达人

8.1 天工 AI 入门：操作与功能

天工 AI 是一款功能强大、智能化程度高、应用广泛的 AI 搜索产品，其背后依托的是昆仑万维在 AI 领域的深厚技术积累和不断创新的精神。本节将对天工 AI 的核心功能、注册与登录及操作界面进行详细讲解，为用户带来更加便捷、高效、智能的职场办公体验。

8.1.1 工具介绍：注册与登录

天工 AI 作为一款集成了高级人工智能技术的智能助手，其核心功能丰富多样，涵盖了自然语言处理、创意写作、实时搜索、数据挖掘、用户画像、逻辑推演、代码编程及 AI 图片生成等多个方面，这些功能相互支撑，共同构成了天工 AI 强大的智能助手体系，为用户提供全面、高效、智能的信息处理和决策支持服务。

下面以图解的方式介绍天工 AI 的 7 个核心功能，如图 8-1 所示。

自然语言处理与语义理解	天工AI能够准确理解用户输入的自然语言，包括复杂的句式和隐含的意义，这得益于其强大的自然语言处理技术和语义理解模型。用户通过自然语言与天工AI进行交互，无须复杂的指令或关键词，即可获得所需的答案或服务
创意写作与文案生成	天工AI不仅能够撰写规范的商务邮件和报告，还能创作富有创意的故事、诗歌及各类文案内容，可以满足用户多样化的创作需求。广告营销、品牌宣传、自媒体创作等领域均可利用天工AI的创意写作功能，提高文案质量和创作效率
实时搜索与跨语言搜索	天工AI能够实时从互联网上检索最新的信息，确保用户获得的数据是最新的。同时，它还支持多种语言的搜索，帮助用户获取全球信息。学术研究、市场调研、跨境电商等领域均可利用天工AI的实时搜索功能，快速获取所需信息
数据挖掘与预测分析	天工AI能够从大量数据中帮助用户洞察市场趋势。此外，它还能利用历史数据进行预测分析，为用户提供未来发展趋势的参考。金融投资、企业管理、市场分析等领域均可利用天工AI的数据挖掘和预测分析功能，辅助决策和制定战略
用户画像与定制推荐	天工AI通过分析用户的行为和偏好，可以建立详细的用户画像。基于用户画像，它还能提供个性化的内容和服务推荐。电商平台、社交媒体、在线教育等领域均可利用天工AI的用户画像和定制推荐功能，提升用户体验和黏性
逻辑推演与数理推算	天工AI具备逻辑推理能力，可以帮助用户进行问题的分析和解决，辅助用户制定相关决策。同时，对于数学和物理问题，它还能进行复杂的计算和推导
代码编程与AI图片生成	天工AI还能辅助用户进行代码编写，提高编程效率。此外，它还提供AI图片生成功能，能够生成具有多种风格和元素的画作。用户只需输入相应的提示词，即可快速生成符合个人或项目要求的图片，提高了工作效率

图 8-1 天工 AI 的 7 个核心功能

第 8 章 智能生图：运用天工 AI 一语成画

下面介绍注册并登录天工 AI 网页版和手机版的操作方法。

1. 网页版的注册与登录

天工 AI 网页版是一款功能强大的智能助手，它集成了搜索、写作、文档分析、多模态生成等多种功能，其页面布局清晰而简洁，为用户提供了高效而便捷的智能服务。下面介绍注册与登录天工 AI 网页版的操作方法。

▶▶ 步骤 1　在电脑中打开相应的浏览器，输入天工 AI 的官方网址，打开官方网站，单击"登录"按钮，如图 8-2 所示。

图 8-2　单击"登录"按钮

▶▶ 步骤 2　执行操作后，弹出注册与登录的窗口，选中"我已阅读并同意《服务条款》与《隐私政策》新用户将自动注册并申请资格"复选框，用户可以输入手机号，点击"获取验证码"按钮，将收到的验证码填入框中，单击"登录"按钮，如图 8-3 所示，即可完成注册与登录。

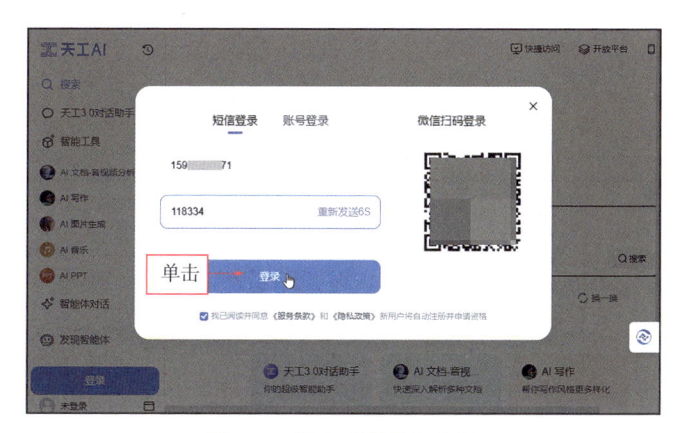

图 8-3　单击"登录"按钮

智慧职场——AI工具让你轻松成为效率达人

▶▶ **步骤3** 用户还可以选择用微信扫码进行登录，打开微信扫一扫，扫描天工 AI 注册与登录页面中的二维码，弹出"绑定手机号"的窗口，输入手机号，点击"获取验证码"按钮，输入收到的验证码，点击"立即加入"按钮，如图 8-4 所示，即可完成注册与登录。另外，已经完成注册的用户，还可以通过"账号登录"的方式，输入手机号和密码，单击"登录"按钮，进行登录。

图 8-4　点击"立即加入"按钮

▶▶ **步骤4** 执行操作后，即可登录天工 AI 的网页，如图 8-5 所示。

图 8-5　天工 AI 的网页页面

2. 手机版的注册与登录

天工 App 集成了搜索、聊天、写作、绘画、作曲等多种功能，为用户提供了全方位的智能服务。下面详细介绍注册与登录天工 App 的操作方法。

▶▶ **步骤1** 打开手机中的应用商店，点击搜索栏，在搜索文本框中输入

第 8 章　智能生图：运用天工 AI 一语成画

"天工"，点击"搜索"按钮，即可搜索到天工 App，点击 App 右侧的"安装"按钮，如图 8-6 所示。

▶▶ 步骤 2　执行操作后，即可开始下载并自动安装天工 App，安装完成后，App 右侧显示了"打开"按钮，如图 8-7 所示。

▶▶ 步骤 3　点击"打开"按钮，进入天工 App 的相应协议界面，点击"同意并继续"按钮，如图 8-8 所示。

图 8-6　点击"安装"按钮

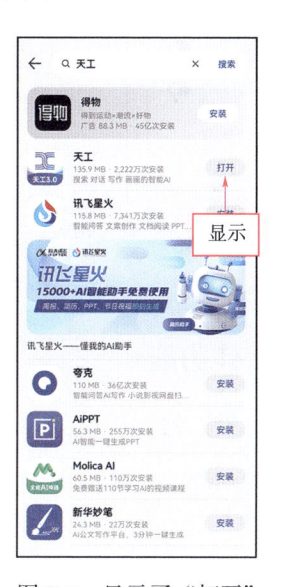

图 8-7　显示了"打开"按钮

图 8-8　点击"同意并继续"按钮

▶▶ 步骤 4　进入"主页"界面，在底部的界面标签中，点击"我的"标签，如图 8-9 所示。

▶▶ 步骤 5　执行操作后，进入"我的"界面，点击右上角的"登录"按钮，如图 8-10 所示。

▶▶ 步骤 6　执行操作后，进入账号注册与登录界面，选中"我已阅读并同意《服务条款》和《隐私政策》新用户将自动注册"复选框，输入手机号，点击"获取验证码"按钮，将收到的验证码输入框中，点击"登录"按钮，如图 8-11 所示。另外，用户还可以点击账号注册与登录界面下方的相应图片，通过微信、微博或者 QQ 的形式进行登录。

▶▶ 步骤 7　执行操作后，即可注册并登录至天工 App 界面，如图 8-12 所示。

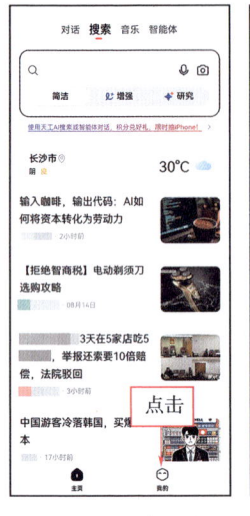

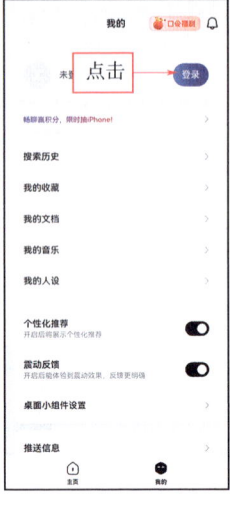

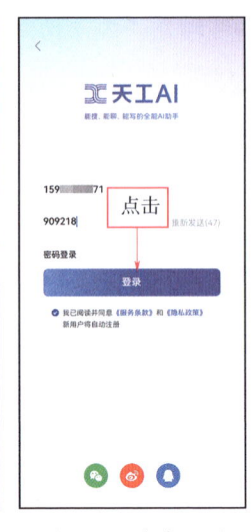

智慧职场——AI 工具让你轻松成为效率达人

图 8-9　点击相应标签

图 8-10　点击"登录"按钮（1）

图 8-11　点击"登录"按钮（2）

图 8-12　天工 App 界面

8.1.2　界面全览：了解其功能

天工 AI 的界面清晰明了，它以其强大的功能和便捷的操作界面，为职场人士提供了全新的智能创作和工作体验。下面详细介绍天工网页版和手机版界面的主要功能。

1. 网页版的页面与功能

天工 AI 的主页中集成了多项人工智能技术，旨在为用户提供智能化的服务和解决方案，网页页面布局清晰，结构合理，注重用户体验和交互设计，使用户能够快速上手并找到所需功能。下面介绍天工 AI 页面中各主要功能模块，如图 8-13 所示。

图 8-13　天工 AI 页面

第 8 章 智能生图：运用天工 AI 一语成画

下面对天工 AI 页面中的各主要功能进行相关讲解。

❶ 功能列表：在该列表框中显示了天工 AI 的主要功能，用户可以进行搜索、AI 报志愿、AI 文档、AI 写作、AI 音乐、AI 图片生成、AI PPT、AI 识图等操作。

❷ 搜索方式：天工 AI 提供了三种搜索方式，即"简洁""增强""研究"模式，用户可根据需要选择相应的搜索方式得到想要的结果。

❸ 搜索框：用户可以在此输入关键词或问题，单击右侧的"搜索"按钮，即可进行全网信息极速搜索或启动 AI 对话。

❹ 常用功能：页面下方显示了天工 AI 的常用功能与案例展示，帮助大家更好地了解天工 AI 的功能，用户可根据需要进行快速选择。

> 温馨提示：
>   天工 AI 的网页页面提供了丰富的功能选择，可以满足用户在不同场景下的多样化需求，用户可以根据自己的需求选择相应的功能模块进行操作。

2. 手机版的界面与功能

天工 App 的界面设计十分简洁，直观易懂，它具备智能搜索、AI 图片生成、知识问答、AI 音乐和个性化智能体等功能。下面介绍天工 App 的界面，如图 8-14 所示。

图 8-14 天工 App 的界面

下面对天工 App 界面中的各主要功能进行相关讲解。

❶ 功能标签：这些是天工 App 的功能标签，包括"对话""搜索""音乐""智能体"，例如，点击"搜索"标签，即可切换至"搜索"界面，用户可以在这个界面进行智能搜索、获取信息，以及查看资讯；点击"音乐"标签，即可进行音乐创作。

❷ 对话专区：这是平台提供的对话专区，包括天工大模型 3.0、AI 文档 - 音视频分析、AI 图片生成等助手，例如，选择"AI 图片生成"选项，在输入框中输入提示词，选择合适的图片比例，点击"发送"按钮，即可获得 AI 图片生成助手生成的相应画作。

❸ "主页"界面：这是天工 App 的核心功能界面，用户可以在此与不同的助手进行对话，并体验"搜索""音乐"等丰富的功能。当用户在"我的"界面时，点击"主页"标签，即可切换至天工 App 的"主页"界面。

❹ 智能体：点击"智能体"标签，即可切换至"智能体"界面，这个功能界面涵盖了"创作""职场助手""图像""角色对话""学习效率"等多种类别的标签，每个标签下方都有许多不同身份的角色，用户可以根据自身需求，选择相应的角色选项，即可与该角色进行交流。例如，选择"职场助手"标签下的"周报不能写"选项，即可与其进行互动，发送要求，获取周报模板。

❺ "我的"界面：这个界面即为用户的个人中心，点击"我的"标签，即可进入"我的"界面，用户可以在该界面设置个人账号等信息、搜索历史对话及管理个人作品。

8.2 图片创作的智能应用

天工 AI 除了基本的搜索功能外，还具备多种实用的功能，其中"AI 图片生成"功能允许用户通过输入自然语言，快速生成高质量的图片。本节主要介绍天工 AI 网页版在图片生成方面的常用功能，帮助大家快速创作出理想的画作。

8.2.1 电商宣传：模特图片的形象打造

模特图片在电商销售中扮演着至关重要的角色，它们不仅提升了商品的视觉效果和品质印象，还激发了买家的购买欲望和信任感，促进了流量的转化和销量的提升。

第 8 章　智能生图：运用天工 AI 一语成画

模特图片作为商品描述的辅助手段，可以帮助买家更全面地了解商品的特点和优势，通过结合文字描述和模特图片，卖家可以更加准确地传达商品信息，提高买家的购买满意度，效果如图 8-15 所示。

图 8-15　效果欣赏

下面介绍使用天工 AI 设计电商模特图片的操作方法。

▶▶ 步骤 1　在天工 AI 首页中，单击"AI 图片生成"缩略图，如图 8-16 所示。

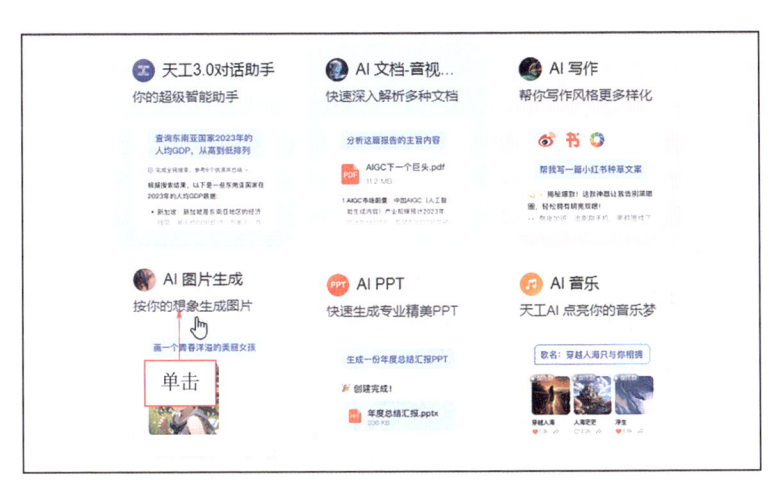

图 8-16　单击"AI 图片生成"缩略图

▶▶ 步骤 2　执行操作后，进入"AI 图片生成"页面，页面底部显示了一个输入框，在其中输入相应的提示词，指导 AI 生成特定的图像，如图 8-17 所示，单击发送按钮，即可生成一张电商模特图片。

智慧职场——AI 工具让你轻松成为效率达人

图 8-17 输入相应的提示词

> 温馨提示：
> 　　在淘宝等电商平台上，模特图片是吸引买家点击和浏览的重要因素之一，优秀的模特图片能够吸引更多的买家点击和浏览商品详情页，进而促进流量的转化和销量的提升。

8.2.2　灵动小猫：宠物图片的可爱制作

在商业领域，宠物类图片经常被用作广告和推广的素材，它们能够吸引消费者的注意力，增加产品的吸引力和好感度，从而促进销售。对于一些宠物店来说，也可以使用一些可爱的宠物图片来吸引顾客，效果如图 8-18 所示。

▶▶ 步骤 1　在天工 AI 首页左侧的功能列表中，选择"AI 图片生成"选项，如图 8-19 所示。

图 8-18　效果欣赏　　　　图 8-19　选择相应选项

第 8 章 智能生图：运用天工 AI 一语成画

▶▶ **步骤 2** 执行操作后，进入"AI 图片生成"页面，在底部的输入框中输入相应的提示词，指导 AI 生成特定的图像，如图 8-20 所示。

▶▶ **步骤 3** 单击发送按钮 ，即可生成一张灵动可爱的小猫图片，效果如图 8-21 所示，小猫以其灵动活泼的形象深受人们喜爱。

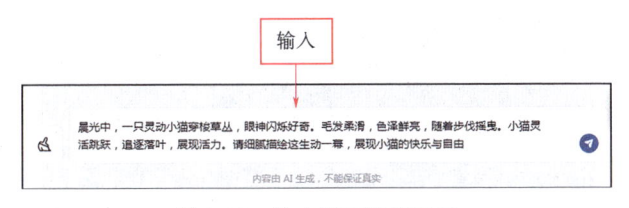

图 8-20　输入相应的提示词

图 8-21　生成一张灵动可爱的小猫图片

> **温馨提示：**
> 　　一些宠物用品店、养殖场、动物保护组织等机构，通过展示小猫图片来吸引潜在客户或支持者的关注。通过宠物小猫的图片，人们可以学习到关于不同品种小猫的知识，包括它们的外观特征、习性、喂养方法等，这对于想要养小猫或是对小猫感兴趣的人来说，是一种直观且便捷的学习方式。

8.2.3　摩天大楼：建筑图片的巧妙构建

　　房产建筑图片可以直观地展示建筑设计师的想法和设计方案，使客户能够清晰地看到建筑的外观、内部布局、颜色、材料等各方面的细节，这种直观的展示方式有助于客户更好地理解设计师的设计思路，从而作出更明智的决策，效果如图 8-22 所示。

下面介绍使用天工 AI 设计房产建筑图片的操作方法。

▶▶ 步骤1　在天工 AI 首页左侧的功能列表中选择"AI 图片生成"选项，进入"AI 图片生成"页面，在输入框中输入相应的提示词，指导 AI 生成特定的图像，如图 8-23 所示。

图 8-22　效果欣赏

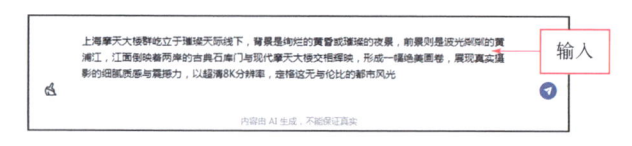

图 8-23　输入相应的提示词

▶▶ 步骤2　单击发送按钮，即可生成一张房产建筑图片，效果如图 8-24 所示。通过该图片，设计师可以让客户看到建筑的外观及周围环境，有助于提升项目的知名度和影响力。

8.2.4　电影特效：模板同款的一键成片

电影特效草图是特效团队在前期创意阶段的重要输出，它们帮助团队将抽象的创意想法转化为可视化的图像，能够直观地展示特效的初步构想，促进团队之间的理解和协作，为后续的特效制作提供明确的方向和参考，效果如图 8-25 所示。

第 8 章 智能生图：运用天工 AI 一语成画

图 8-24　生成一张房产建筑图片

图 8-25　效果欣赏

温馨提示：
电影特效草图作为导演、特效师、美术指导等团队成员之间的沟通工具，可以帮助团队在前期就发现和解决潜在的问题，减少后期制作中的试错次数，从而节省影视制作的成本和时间。

下面介绍使用天工 AI 设计电影特效草图的操作方法。

▶▶ 步骤 1　在"天工 AI"首页左侧的功能列表中选择"AI 图片生成"选项，进入"AI 图片生成"页面，单击右上角的"模板"按钮 ，如图 8-26 所示。

159

▶ **步骤2** 弹出"模板大全"面板,在其中选择一种电影特效模板,如图8-27所示。

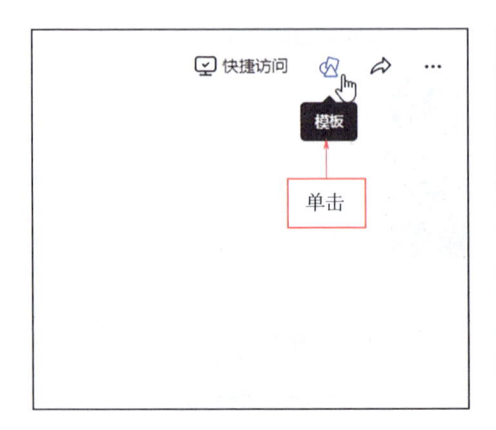

图8-26 单击"模板"按钮　　图8-27 选择一种电影特效模板

▶ **步骤3** 执行操作后,即可使用模板中的提示词自动生成同类型的电影特效草图,效果如图8-28所示。

图8-28 生成同类型的电影特效草图

8.2.5 端午佳节:节日海报的精巧绘制

端午节作为中国传统文化中的重要节日,其海报图片往往通过传统元素(如粽子、赛龙舟、五色丝线、香囊、艾草与菖蒲等)的巧妙结合,营造出浓厚的节日氛围。这种氛围能够迅速将人们带入端午节的情境中,增强节日的喜庆感和归属感,效果如图8-29所示。

第 8 章　智能生图：运用天工 AI 一语成画

图 8-29　效果欣赏

这张端午节海报图片的提示词为"设计端午海报：绿粽云浪背景，中央聚会桌上放彩粽、雄黄酒，艾草香囊点缀。上方书写'端午安康'，传递节日温馨与祝福"。

用户通过天工 AI 生成出比较满意的图片后，接下来可以在后期处理软件（Photoshop）中为图片添加相应的主题、时间、地点、内容等关键信息，引导人们了解和参与相关活动。

8.2.6　智能音箱：电商图片的智能设计

在信息爆炸时代，人们的注意力非常有限，一张精美、创意独特的商品主图能够迅速吸引目标消费者的注意力，让他们在众多选项中首先注意到你的产品，激发消费者的购买欲望，促进销售转化，效果如图 8-30 所示。

下面介绍使用天工 App 设计电商产品主图的操作方法。

▶▶ 步骤 1　打开天工 App，在"对话"界面中选择"AI 图片生成"选项，进入"AI 图片生成"界面，在输入框中输入相应的提示词，指导 AI 生成特定的图像，如图 8-31 所示。

▶▶ 步骤 2　点击"发送"按钮，即可生成智能音箱的商品主图，效果如图 8-32 所示，用户可以在后期处理软件（Photoshop）中为商品主图添加相应的文字效果，使主题更突出。

图 8-30　效果欣赏

图 8-31　输入相应的提示词　　图 8-32　生成智能音箱的商品主图

8.2.7　时尚美妆：产品广告的精美设计

美妆产品广告通过其精美的设计，能够迅速抓住目标受众的注意力，从而提升美妆品牌的知名度。美妆产品广告是推广新产品的有效方式，可以通过图片和文字等多种形式展示产品的特点和优势，吸引消费者的兴趣，效果如图 8-33 所示。

第 8 章　智能生图：运用天工 AI 一语成画

图 8-33　效果欣赏

下面介绍使用天工 App 设计美妆产品广告的操作方法。

▶▶ 步骤 1　打开天工 App，在"对话"界面中选择"AI 图片生成"选项，如图 8-34 所示。

▶▶ 步骤 2　进入"AI 图片生成"界面，在输入框中输入相应的提示词，指导 AI 生成特定的图像，点击"发送"按钮，即可生成美妆产品广告图片，效果如图 8-35 所示。通过该图片，可以直接引导消费者进入品牌官网或电商平台的产品页面，方便消费者进一步了解产品。

图 8-34　选择"AI 图片生成"选项 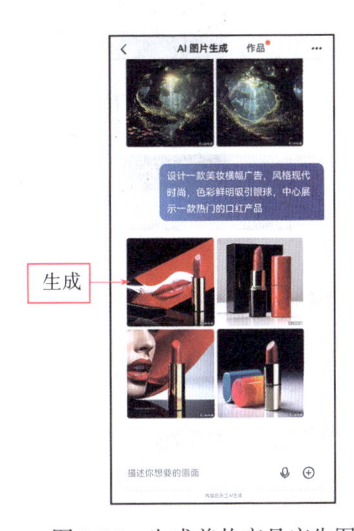　　图 8-35　生成美妆产品广告图片

8.2.8 场景宣传：游戏配图的创意生成

通过游戏场景宣传图片，玩家可以初步了解游戏所在的时代、地域、文化背景等，营造出特定的游戏氛围，为整个游戏故事提供一个宏观的背景框架。使用天工 App 生成游戏场景图片可以为游戏开发带来更多的便利性和可能性，丰富游戏内容，提高开发效率，增加游戏可玩性，推动游戏行业的发展，效果如图 8-36 所示。

这张游戏场景图片的提示词为"幽光秘境，银月精灵夜游记。幽蓝荧光点缀林间，神秘花丛轻摇梦境。古老城堡轮廓隐现，月光下更显庄严。星光小径蜿蜒曲折，精灵羽翼微光闪烁，穿梭于光影交错之间"。丰富的场景细节和独特的视觉风格能够激发玩家的好奇心和探索欲望，促使他们深入游戏世界，寻找隐藏的秘密和宝藏。

图 8-36 效果欣赏

> **温馨提示：**
> 由于本书篇幅所限，只对天工 AI 的"AI 图片生成"功能进行了介绍，天工 AI 还有许多其他的智能工具，例如 AI 报志愿、AI 文档、AI 写作、AI 音乐、AI PPT、AI 识图等，用户可根据实际需要进行相应尝试和使用。

第 9 章
AI 创作：运用讯飞星火绘画

讯飞星火是由科大讯飞推出的新一代认知智能大模型，具备内容创作、智能绘画和逻辑推理等多种先进的人工智能能力，可以帮助用户提高办公效率、优化工作体验。本章将全面介绍讯飞星火的核心功能、注册与登录及操作界面，并对其主要功能与应用案例进行具体讲解。

智慧职场——AI 工具让你轻松成为效率达人

9.1 讯飞星火入门：操作与功能

讯飞星火通过不断的技术迭代和功能升级，已经在语言理解、文本生成、多模态能力等方面展现出强大的实力。其多端支持、丰富的 AI 助手、实时搜索和语音输入等功能，使其在实际应用中表现出色，成为用户生活和工作中的智能助手。本节对讯飞星火的核心功能、注册与登录及操作界面进行详细讲解，帮助用户快速提高工作效率。

9.1.1 工具介绍：注册与登录

讯飞星火大模型具备 8 个核心功能，包括文本生成、语言理解、知识问答、逻辑推理、数学能力、绘画大师、代码生成和行业应用，这些能力在多个国际主流测试集中表现优异。下面以图解的方式对讯飞星火的核心功能进行相关分析，如图 9-1 所示。

文本生成	具备多风格、多任务的文本生成能力，能够支持发言稿、邮件、营销方案等多种类型的文案写作，能够生成流畅、自然且具有针对性的文本内容
语言理解	拥有强大的语言理解能力，能够准确理解用户输入的文本信息，包括语义、语境和情感等方面的理解，支持跨语种的语言理解，能够准确区分同一单词语句在不同场景下的含义
知识问答	具备泛领域开放式知识问答能力，能够回答医疗、科技、商业等多个领域的知识性问题。通过广泛学习和积累知识，模型能够为用户提供准确、全面的答案
逻辑推理	在逻辑推理方面表现出色，能够基于输入的信息进行情景式思维链逻辑推理，得出合理的结论。适用于需要逻辑推理能力的场景，例如，法律、科研、决策支持等领域
数学能力	具备多题型可解析的数学能力，能够处理包括基础数学运算、代数问题、几何问题等在内的多种数学题型。通过学习和理解数学规则和逻辑，模型能够快速给出答案和解题步骤
绘画大师	用户只需输入一段文字描述，绘画大师就能根据这些输入自动生成相应的画作，无论是写实、抽象还是卡通风格，都能轻松应对，生成的画作细节丰富，色彩鲜艳，充满创意
代码生成	具备多功能多语言代码生成能力，能够根据用户需求生成多种编程语言的代码。目前，星火的代码生成能力主要针对工业互联网、企业内部的应用场景，广泛应用于软件开发、自动化测试、数据分析等领域
多模交互	支持多模态输入和表达能力，不仅能够处理文本信息，还能够处理图像、语音等多种模态的信息，实现更加自然、便捷的人机交互体验

图 9-1 讯飞星火的 8 个核心功能

第 9 章　AI 创作：运用讯飞星火绘画

下面介绍注册并登录讯飞星火网页版和手机版的操作方法。

1. 网页版的注册与登录

讯飞星火是一款集前沿 AI 技术于一体的智能对话问答工具，其网页版的页面设计精简而优雅，它凭借着卓越的功能性与用户友好性融合，为用户带来前所未有的交互体验。下面具体介绍注册与登录讯飞星火网页版的操作方法。

▶▶ 步骤 1　在电脑中打开相应的浏览器，输入讯飞星火的官方网址，打开官方网站，单击页面下方输入框中的"立即登录"按钮，如图 9-2 所示。

图 9-2　单击"立即登录"按钮

▶▶ 步骤 2　在页面右侧弹出相应窗口，在"手机快捷登录"面板中选中相应复选框，在其中输入手机号，点击"获取验证码"按钮，输入收到的验证码，单击"登录"按钮，如图 9-3 所示。

图 9-3　单击"登录"按钮

智慧职场——AI 工具让你轻松成为效率达人

▶▶ 步骤 3　执行操作后,即可完成注册与登录,进入讯飞星火的网页页面,如图 9-4 所示。另外,已经完成注册的用户,还可以通过"账号密码登录"的方式进行登录操作。

图 9-4　进入讯飞星火的网页页面

2. 手机版的注册与登录

讯飞星火 App 在职场办公中为用户提供了全方位的帮助和支持,从文档创作、会议管理到智能搜索、多语言翻译等多个方面,都能显著提升用户的工作效率和办公体验。下面具体介绍注册与登录讯飞星火 App 的操作方法。

▶▶ 步骤 1　打开手机中的应用商店,点击搜索栏,在搜索文本框中输入讯飞星火,点击"搜索"按钮,即可搜索到讯飞星火 App,点击讯飞星火 App 右侧的"安装"按钮,如图 9-5 所示。

▶▶ 步骤 2　执行操作后,即可开始下载并自动安装讯飞星火 App,安装完成后,讯飞星火 App 右侧显示了"打开"按钮,如图 9-6 所示。

▶▶ 步骤 3　点击"打开"按钮,进入"欢迎使用讯飞星火"界面,点击"同意"按钮,如图 9-7 所示。

▶▶ 步骤 4　执行操作后,进入讯飞星火 App 的登录界面,选中相应复选框,点击"本机号码一键登录"按钮,如图 9-8 所示。另外,用户也可以通过"其他手机号登录"的方式进行登录。

▶▶ 步骤 5　执行操作后,即可完成登录,并进入讯飞星火 App 的"星火对话"界面,如图 9-9 所示。

第 9 章　AI 创作：运用讯飞星火绘画

图 9-5　点击"安装"按钮　　　图 9-6　显示了"打开"按钮

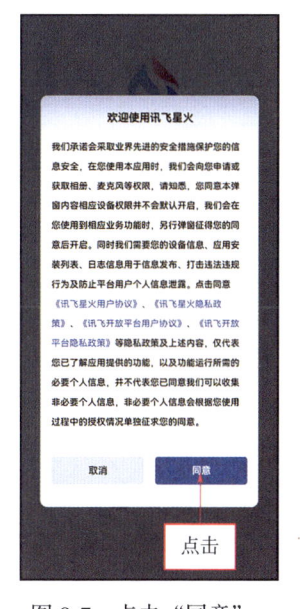

图 9-7　点击"同意"　　图 9-8　点击"本机号码　　图 9-9　进入"星火对话"
　　　　　按钮　　　　　　　　　一键登录"按钮　　　　　　　　界面

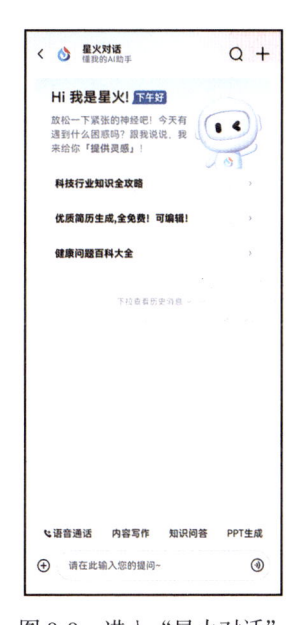

9.1.2　界面全览：了解其功能

　　讯飞星火的界面布局清爽，关键功能一目了然，无须烦琐操作即可快速上手，其集成了科大讯飞在语音识别、语音合成、自然语言处理、机器学习等多个

智慧职场——AI 工具让你轻松成为效率达人

领域的核心技术，旨在为用户提供智能化、个性化的服务和体验。下面详细介绍讯飞星火网页版和手机版的主要界面功能。

1. 网页版的页面与功能

讯飞星火网页版的操作页面是一个集成了多种 AI 功能的平台，为用户提供了便捷、高效的创作和辅助工具，用户可以通过简单的操作即可实现智能写作、图片生成、素材查找、文章预览等功能。讯飞星火页面中各主要功能模块如图 9-10 所示。

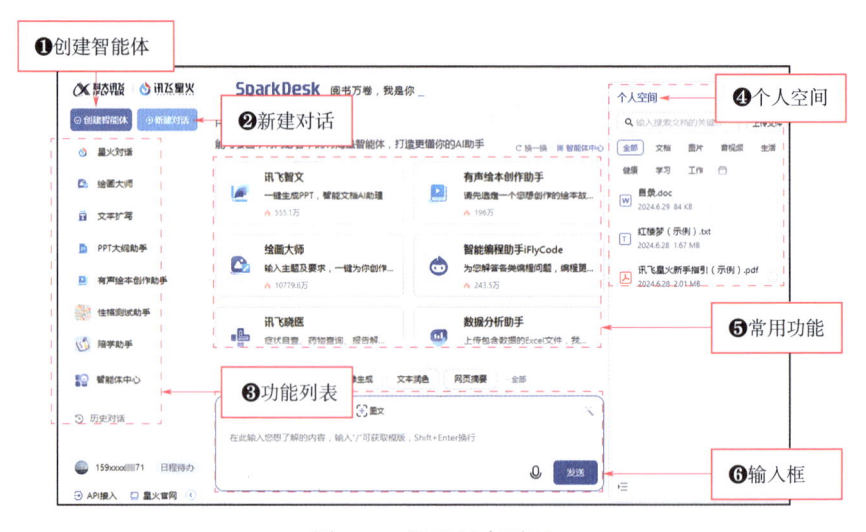

图 9-10　讯飞星火页面

下面对讯飞星火页面中的各主要功能进行相关讲解。

❶ 创建智能体：单击该按钮，用户可以根据自己的需求创建个性化的智能体。这些智能体可以执行各种任务，如信息检索、问答、任务处理、生成内容等，从而满足用户在工作、学习、生活中的多样化需求。

❷ 新建对话：单击该按钮，可以启动一个新的对话。用户输入想要与讯飞星火进行交互的内容，从而开始一个新的对话流程。

❸ 功能列表：在该列表框中显示了讯飞星火的主要功能，如绘画大师、讯飞智文、讯飞晓医、讯飞绘文及述职报告小能手等，快速提升工作效率。

❹ 个人空间：用户通过"个人空间"面板，可以上传自己的 Word、PDF、PPT、Excel 表格、图片、音频与视频等文件，形成一个专属的知识库。上传的文件会在"个人空间"面板中自动分类，如文档、图片、音视频等，方便用户快

第 9 章　AI 创作：运用讯飞星火绘画

速查找和管理。

❺ 常用功能：在该区域中显示了讯飞星火的常用功能，并对相关功能进行了简单介绍，并显示了功能的热门程度。

❻ 输入框：用户在输入框中可以输入问题、指令或相关内容，讯飞星火会对用户的问题或指令进行解析，并给出相应的回答或执行相应的操作。

2. 手机版的界面与功能

讯飞星火 App 是一款功能强大的认知智能大模型应用，其界面布局简约明了，丰富的功能设计旨在为用户提供便捷、高效的智能服务体验，易于用户快速上手。讯飞星火 App 界面，如图 9-11 所示。

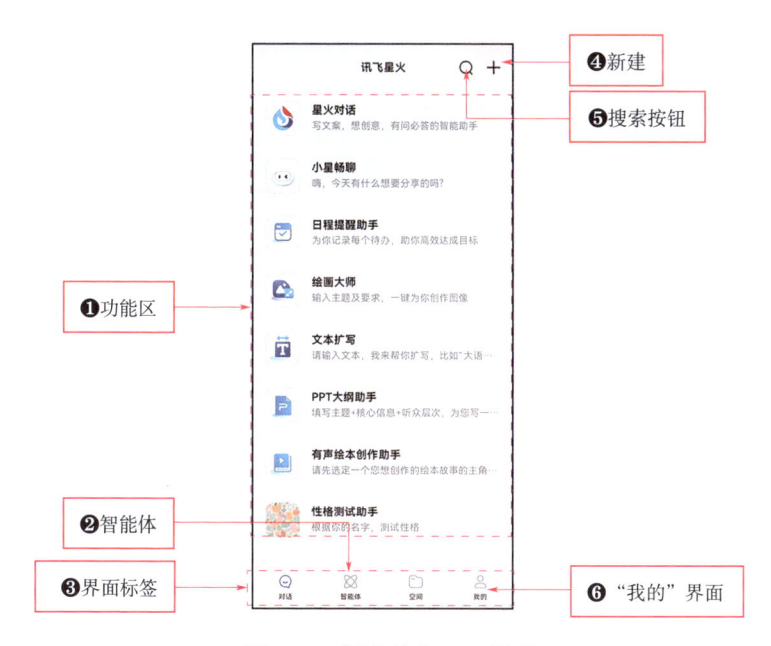

图 9-11　讯飞星火 App 界面

下面对讯飞星火 App 界面中的各主要功能进行相关讲解。

❶ 功能区：这些是讯飞星火 App 的主要功能，分布在"对话"界面中，包括"星火对话""日程提醒助手""绘画大师""文本扩写""PPT 大纲助手"等，有助于用户更加高效地工作与生活。点击相应功能，即可与其进行对话或体验其功能。

❷ 智能体：选择"智能体"选项，即可切换至"星火应用"与"应用广场"界面，用户可以根据自身兴趣，选择合适的智能体进行体验。

❸ 界面标签：用户可以选择界面底部的相应选项，实现在不同界面间进行切换。例如，选择"空间"选项，即可通过一系列丰富的操作，与大模型进行互动，包括上传文档、图片、音视频等交互形式。

❹ 新建：这是讯飞星火 App 的"新建"功能，包含"新建对话""小星畅聊""新建智能体"三个功能，选择"新建对话"和"新建智能体"选项，即可新建对话和智能体，选择"小星畅聊"选项，即可与小星进行智能通话。

❺ 搜索按钮：点击按钮 Q，即可跳转至搜索界面，用户可以在此处输入关键词，搜索感兴趣的内容。

❻ "我的"界面：选择"我的"选项，即可进入"我的"界面，用户即可在此完成声音、智能体等内容的创建、查看历史对话，以及进行各项设置。

9.2 智能绘画与创作的应用

讯飞星火自 2023 年 5 月 6 日发布以来，不断迭代升级，从 V1.5 到 V4.0，每一次迭代都带来了多项能力的提升和功能的优化，提供星火对话、绘画大师、讯飞智文及讯飞绘文等功能，让用户能够更方便地与 AI 助手进行交互。本节主要对讯飞星火网页版的"绘画大师"功能和讯飞星火 App 的"图像生成"等功能进行详细介绍，帮助用户一键生成满意的绘画作品。

9.2.1 城市风光：全景图片的一键创作

城市风光全景图片是展示城市全貌、风光和特色的一种重要方式，通常包含城市的标志性建筑、街道、公园、河流、山峦等元素，通过不同的拍摄角度和光线条件，展现城市的独特魅力和韵味，为观众带来震撼的视觉体验。现在，使用讯飞星火即可一键生成唯美的城市风光全景图片，可用于宣传和推广当地旅游资源，效果如图 9-12 所示。

下面介绍使用讯飞星火创作城市风光全景图片的操作方法。

▶▶ 步骤 1　在"讯飞星火"首页中选择"绘画大师"选项，如图 9-13 所示。

▶▶ 步骤 2　执行操作后，进入"绘画大师"页面，页面底部显示了一个输入框，在其中输入相应的提示词，指导 AI 生成特定的图像，单击"发送"按钮，即可生成一张城市风光全景图片，如图 9-14 所示。

第 9 章　AI 创作：运用讯飞星火绘画

图 9-12　效果欣赏

图 9-13　选择"绘画大师"选项

图 9-14　生成一张城市风光全景图片

9.2.2 美女图片：人像写真的创意生成

在商业领域，美女图片常被用作广告的一部分，以吸引目标受众的注意力，这种策略在化妆品、时尚、珠宝、汽车等多个行业中尤为常见。艺术家和设计师也经常使用美女图片作为灵感来源，创作绘画、摄影、雕塑、平面设计、插画等艺术作品。

在健康和美容领域，美女图片常被用来展示产品的效果，或传递健康的生活方式，激励人们追求更好的自我形象，效果如图 9-15 所示。

图 9-15　效果欣赏

下面介绍使用讯飞星火生成美女展示图片的操作方法。

▶▶ 步骤 1　参照上一例的操作方法，在讯飞星火中使用提示词生成一张美女展示图片，如果用户对生成的图片不满意，此时可以单击右侧的编辑按钮 ⌀，如图 9-16 所示。

▶▶ 步骤 2　对提示词进行适当修改，单击确认按钮 ✓，如图 9-17 所示，即可重新生成图片。

图 9-16　单击右侧的编辑按钮　　　　图 9-17　单击确认按钮

9.2.3 赛博朋克：夜景图片的唯美制作

赛博朋克风格以其独特的视觉美学著称，将高科技与低生活、光怪陆离的城市景象与阴暗的街道相结合。而城市夜景图片更是将这种风格发挥到了极致，通过霓虹灯、全息投影、巨大的广告牌等元素，营造出一种既科幻又充满虚幻色彩的氛围。这些图片对于喜欢赛博朋克文化的人来说是一种视觉上的享受和艺术上的欣赏，效果如图 9-18 所示。

图 9-18　效果欣赏

下面介绍使用讯飞星火 App 制作赛博朋克夜景图片的操作方法。

▶▶ 步骤1　打开"绘画大师"页面，输入相应的提示词，指导 AI 生成特定的图像，单击"发送"按钮，如图 9-19 所示。

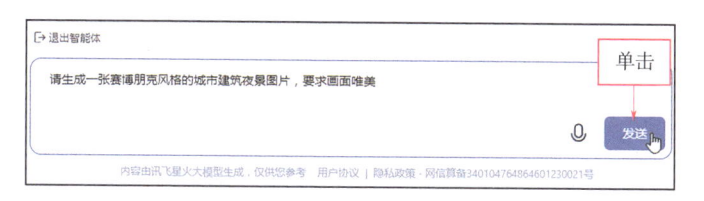

图 9-19　单击"发送"按钮

▶▶ 步骤2　执行操作后，即可生成一张赛博朋克夜景图片，如图 9-20 所示。

智慧职场——AI 工具让你轻松成为效率达人

图 9-20　生成一张赛博朋克夜景图片

9.2.4　保护地球：有声绘本的角色绘制

有声绘本创作助手是一个基于讯飞星火大模型开发的智能工具，用户可以通过输入指令或故事简介，利用有声绘本创作助手快速生成一个有声绘本故事，这个功能依赖于大模型强大的语言理解和生成能力，能够确保故事的连贯性和趣味性。

有声绘本创作助手在教育领域具有广泛的应用前景，教师可以利用该工具制作教学绘本，以更加直观和有趣的方式向学生传授知识。同时，家长也可以利用它陪伴孩子阅读，增进亲子关系。对于喜欢阅读绘本的成年人或儿童来说，有声绘本创作助手提供了一个便捷的创作平台，让他们能够根据自己的喜好和想象力创作出独一无二的有声绘本，享受创作的乐趣，效果如图 9-21 所示。

下面介绍使用讯飞星火绘制有声绘本故事图片的操作方法。

▶▶ 步骤 1　在"讯飞星火"首页左侧的功能列表中选择"有声绘本创作助手"选项，如图 9-22 所示。

▶▶ 步骤 2　进入"有声绘本创作助手"页面，在"请先选择角色形象"下方选择第 1 个角色形象，单击"开始共创"按钮，如图 9-23 所示。

▶▶ 步骤 3　弹出相应信息，选择"保护地球"选项，如图 9-24 所示。

▶▶ 步骤 4　执行操作后，即可生成一个保护地球的故事，并自动生成一张相应的角色图片，如图 9-25 所示。

第 9 章　AI 创作：运用讯飞星火绘画

图 9-21　效果欣赏

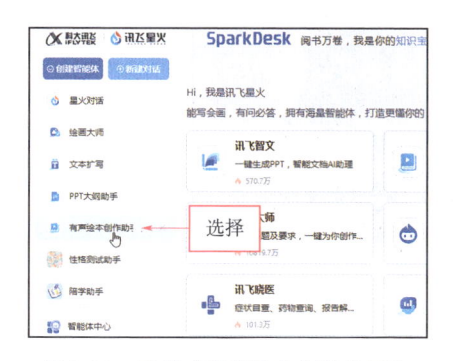

图 9-22　选择"有声绘本创作助手"
选项

图 9-23　单击"开始共创"按钮

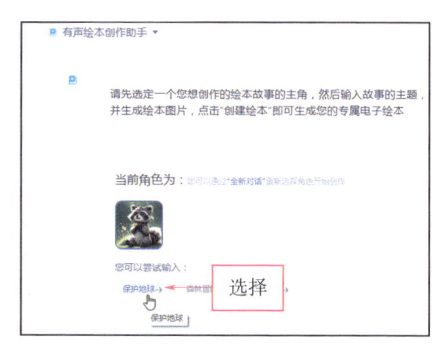

图 9-24　选择"保护地球"
选项

图 9-25　自动生成一张相应的
角色图片

9.2.5 素描绘画：手绘角色的艺术描绘

在电影、动画、游戏等娱乐产业中，素描手绘是角色概念设计的重要环节。设计师通过手绘快速捕捉角色的基本形态、性格特征和动态表现，为后续的3D建模、动画制作或服装设计提供基础蓝本。在讯飞星火中设计角色图片时，其表情、姿态和场景背景都能被细致地描绘出来，使观众能够感受到角色的内心世界和情感变化，从而增强作品的感染力和共鸣度，效果如图9-26所示。

图 9-26　效果欣赏

这张素描手绘角色图片的提示词为"请创建一张素描手绘风格的角色图片，角色设定为：一位身着华丽铠甲，手持长剑的英勇骑士，目光坚毅，短发在风中略显凌乱"。用户可参考前面案例的操作方法，通过在"绘画大师"页面中输入提示词生成理想的素描手绘角色图片效果。

这种类型的图片在艺术创作、概念设计、故事叙述、教学学习，以及商业应用等多个方面都发挥着重要的作用。

9.2.6 现代简约：室内装饰的一键绘画

室内装饰图片在多个方面发挥着重要的作用，无论是对于专业室内设计师、家装爱好者，还是普通消费者来说，它们都是不可或缺的资源。

不同的室内装饰图片展示了不同的设计风格，如现代简约、北欧风、中式古

第 9 章 AI 创作：运用讯飞星火绘画

典等，这些图片为想要打造特定风格家居的人提供了直观的参考，有助于他们在选择装修风格时作出更加明智的决策，效果如图 9-27 所示。

图 9-27　效果欣赏

下面介绍使用讯飞星火 App 生成室内装饰图片的操作方法。

▶▶ 步骤 1　打开讯飞星火 App，在界面中选择"智能体"选项，如图 9-28 所示。

▶▶ 步骤 2　进入"星火应用"界面，点击"绘画大师"缩略图，如图 9-29 所示。

图 9-28　选择相应的选项　　图 9-29　点击相应的缩略图

智慧职场——AI 工具让你轻松成为效率达人

▶▶ **步骤 3** 进入"绘画大师"界面，输入相应的提示词，指导 AI 生成特定的图像，如图 9-30 所示。

▶▶ **步骤 4** 点击发送按钮 ，即可生成一张室内装饰图片，效果如图 9-31 所示。

图 9-30　输入相应的提示词　　　　图 9-31　生成一张室内装饰图片

9.2.7　海滩静物：简笔漫画的轻松成片

对于儿童来说，海滩简笔漫画图片是认识和学习海滩的初步工具。通过简单的线条和色彩，孩子们可以轻松地识别出海滩的轮廓、颜色和特征，从而激发他们对自然界的好奇心和探索欲。在美术教学中，海滩简笔漫画图片可以作为绘画的参考和范例，学生通过模仿这些图片，学习如何运用线条、色彩和构图来表现海滩的美感和趣味性，效果如图 9-32 所示。

下面介绍使用讯飞星火 App 设计海滩简笔漫画图片的操作方法。

▶▶ **步骤 1** 打开讯飞星火 App，在界面中点击"图像生成"按钮，弹出"图像生成"面板，在其中设置"背景"为"海边""风格"为"简笔漫画"，如图 9-33 所示。

▶▶ **步骤 2** 在输入框中输入相应的提示词，指导 AI 生成特定的图像，如图 9-34 所示。

第 9 章　AI 创作：运用讯飞星火绘画

图 9-32　效果欣赏

▶▶ 步骤 3　点击发送按钮 ↗，即可生成一张海滩简笔漫画图片，效果如图 9-35 所示。

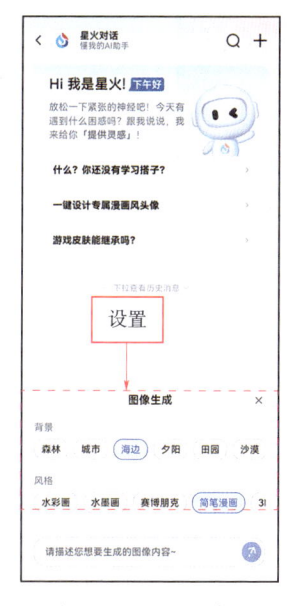

图 9-33　设置相应的选项

图 9-34　输入相应的提示词

图 9-35　生成简笔漫画图片

9.2.8 森林风光：水墨画作的雅致设计

水墨画作为中国传统艺术的重要形式之一，以其独特的笔墨韵味和意境表达，深受人们喜爱。中国山水水墨画以自然森林风光为主题，通过简约的线条和墨色变化，营造出宁静、和谐、自然的氛围，给人以美的享受和心灵的慰藉。

在现代家居和商业空间中，中国山水水墨画图片常被用作装饰品，为环境增添一份雅致和文化气息。它们可以与各种风格的家具和装饰品相融合，营造出独特的艺术氛围，提升整体空间的审美价值。使用讯飞星火 App 设计森林水墨画的效果如图 9-36 所示。

图 9-36　效果欣赏

下面介绍使用讯飞星火 App 设计森林水墨画图片的操作方法。

▶▶ 步骤1　打开讯飞星火 App，在界面中点击"图像生成"按钮，如图 9-37 所示。

▶▶ 步骤2　弹出"图像生成"面板，在其中设置"背景"为"森林""风格"为"水墨画"，然后输入相应的提示词，指导 AI 生成特定的图像，如图 9-38 所示。

▶▶ 步骤3　点击发送按钮 ，即可生成一张森林水墨画图片，效果如图 9-39 所示。

第 9 章　AI 创作：运用讯飞星火绘画

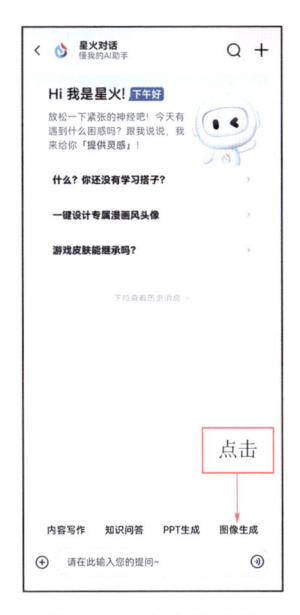

图 9-37　点击相应的按钮

图 9-38　输入相应的提示词

图 9-39　生成一张森林水墨画

【AI 视频与剪辑】

第 10 章
AI 视频：运用剪映进行创作

剪映是字节跳动公司推出的一款视频编辑工具，其功能强大、操作简便，广泛应用于短视频制作、Vlog 剪辑、广告创意、品牌宣传等多个领域，无论是个人用户还是专业团队，都可以通过剪映轻松实现高质量的视频编辑和创作。本章将介绍剪映的核心功能、下载与登录及操作界面，并对其主要功能与应用案例进行具体讲解。

智慧职场——AI 工具让你轻松成为效率达人

10.1 剪映入门：操作与功能

剪映是一款集视频剪辑、调色、特效、音频处理等功能于一体的综合性视频编辑软件，它不仅支持手机端操作，还推出了电脑端版本，以满足用户在不同场景下的视频编辑需求。剪映以其丰富的功能、高效的编辑体验和简洁的界面设计，成为众多视频创作者的首选工具。本节主要介绍剪映的 AI 功能、下载与登录及操作界面，即使是初学者也能快速上手。

10.1.1 工具介绍：下载与登录

剪映作为一款功能全面的视频编辑工具，具有多种 AI 绘画与视频创作功能，运用剪映可以帮助用户快速提升视频制作效率，节省剪辑的时间。

下面以图解的方式介绍剪映的 7 个 AI 常用功能，如图 10-1 所示。

AI作图与绘画	用户可以通过简单的文字描述，利用剪映的AI技术生成相应的图片或设计元素。这一功能不仅降低了专业作图软件的门槛，还为视频编辑提供了丰富的素材选择
AI视频生成	剪映提供了基于AI技术的视频生成功能，如一键成片、图文成片、剪同款、营销成片等，剪映可以根据用户输入的文案或图片，一键生成高质量的视频内容
AI特效与滤镜	剪映内置了多种AI特效和滤镜，不仅种类丰富，而且操作简单易用，用户通过简单的操作，即可为视频添加各种特效和滤镜效果，增强视频的观赏性和趣味性
AI智能剪辑	剪映的智能剪辑功能能够自动识别视频中的关键节点和精彩瞬间，并自动进行剪辑和拼接，提高编辑效率。特别适用于游戏攻略视频、Vlog等个人创作场景
AI配音与字幕	剪映的智能配音功能能够根据视频内容自动生成解说词或配音，用户也可以自定义配音内容。同时，剪映还支持自动识别视频中的语音并生成字幕，提高视频的可读性和可理解性
AI商品图	用户可以通过AI商品图功能，将产品图片置于不同的环境当中，提升产品的表现力。这一功能特别适用于电商产品主图、介绍页底图等场景，导入产品图片后将自动完成抠图操作
AI数字人	剪映提供了AI数字人功能，用户可以选择数字人口播来代替自己出镜。这一功能特别适用于不想出镜或出镜效果不好的视频制作者

图 10-1 剪映的 7 个 AI 常用功能

下面介绍下载与登录剪映网页版和手机版的操作方法。

1. 电脑版的下载与登录

剪映是一款全能易用的桌面端视频剪辑软件，提供了丰富的视频编辑功能，它广泛应用于自媒体从业者、视频编辑爱好者和影视后期专业人士的视频创作工

第 10 章 AI 视频：运用剪映进行创作

作中，用好剪映能为用户提高工作效率。下面介绍下载与登录剪映专业版的操作方法。

▶▶ 步骤1 在电脑中打开相应的浏览器，输入剪映的官方网址，打开官方网站，在"专业版"页面中单击中间的"立即下载"按钮，如图 10-2 所示。

图 10-2 单击"立即下载"按钮

▶▶ 步骤2 下载剪映专业版安装器，单击页面右上角的下载按钮⬇，如图 10-3 所示。

▶▶ 步骤3 执行操作后，弹出"下载"对话框，单击"打开文件"按钮，如图 10-4 所示。

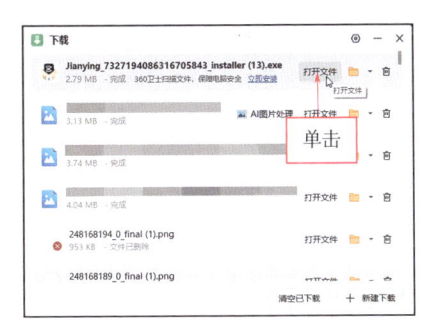

图 10-3 单击相应按钮　　图 10-4 单击"打开文件"按钮

▶▶ 步骤4 执行操作后，弹出相应的对话框，单击"运行"按钮，如图 10-5 所示。

▶▶ 步骤5 执行操作后，即可开始下载并安装剪映专业版，弹出"剪映专业版下载安装"对话框，显示下载和安装软件的进度，如图 10-6 所示。

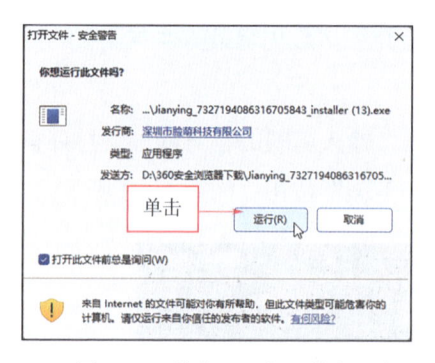

智慧职场——AI 工具让你轻松成为效率达人

图 10-5　单击"运行"按钮　　　图 10-6　显示下载和安装软件的进度

▶▶ 步骤 6　安装完成后,弹出"环境检测"对话框,软件会对电脑环境进行检测,检测完成后单击"确定"按钮,如图 10-7 所示。

▶▶ 步骤 7　执行操作后,进入剪映专业版的首页,在左上方单击"点击登录账户"按钮,如图 10-8 所示。

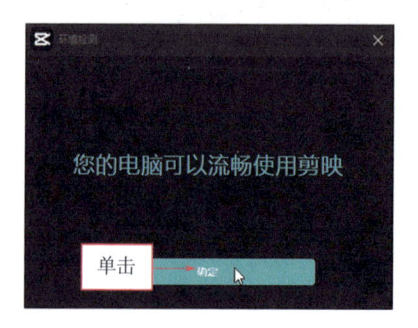

图 10-7　单击"确定"按钮　　　图 10-8　单击"点击登录账户"按钮

▶▶ 步骤 8　弹出"登录"对话框,选中"已阅读并同意剪映用户协议和剪映隐私政策"复选框,单击"通过抖音登录"按钮,如图 10-9 所示。

▶▶ 步骤 9　执行操作后,进入抖音登录授权界面,如图 10-10 所示,用户可以根据界面提示进行扫码登录或通过验证码授权登录,完成登录后,将返回首页。

2. 手机版的下载与登录

如果用户需要使用剪映 App 创作效果,首先需要先下载和登录剪映 App,具体操作方法如下。

▶▶ 步骤 1　打开手机中的应用商店,点击搜索栏,在搜索文本框中输入"剪映",点击"搜索"按钮,即可搜索到剪映 App,点击剪映 App 右侧的"安装"按钮,如图 10-11 所示。

第 10 章 AI 视频：运用剪映进行创作

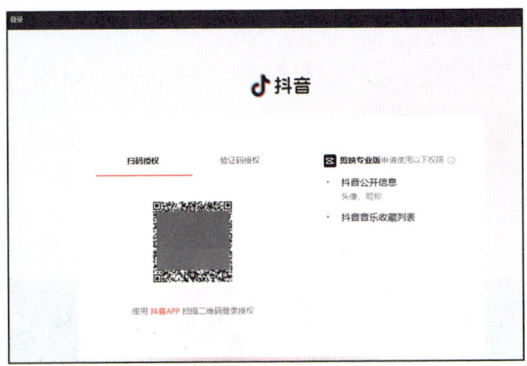

图 10-9 单击"通过抖音登录"按钮

图 10-10 进入抖音登录授权界面

▶▶ 步骤 2 执行操作后，即可开始下载并自动安装剪映 App，安装完成后，App 右侧显示了"打开"按钮，如图 10-12 所示。

▶▶ 步骤 3 点击"打开"按钮，弹出"个人信息保护指引"面板，在其中可以查阅《用户协议》与《隐私政策》的相关内容，点击"同意"按钮，如图 10-13 所示。

图 10-11 点击"安装"按钮

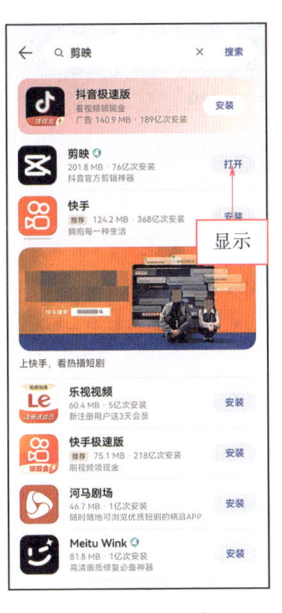

图 10-12 显示"打开"按钮

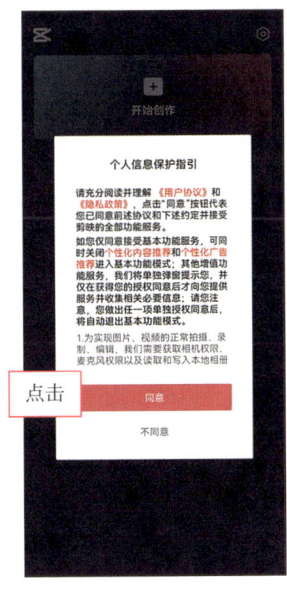

图 10-13 点击"同意"按钮

▶▶ 步骤 4 进入剪映 App 的"剪同款"界面，点击"我的"标签，如图 10-14 所示。

▶▶ 步骤5 执行操作后,进入"抖音登录"界面,选中"已阅读并同意剪映用户协议和剪映隐私政策"复选框,点击"抖音登录"按钮,如图10-15所示。

▶▶ 步骤6 执行操作后,即可完成登录,进入"我的"界面,如图10-16所示。

图 10-14 点击"我的"标签

图 10-15 点击"抖音登录"按钮

图 10-16 进入相应界面

10.1.2 界面全览:了解其功能

剪映的界面布局直观合理且功能丰富,涵盖了从基础剪辑到高级特效的各个方面,能够满足用户多样化的创作需求,运用剪映可以提高用户的视频编辑效率和创作体验。下面详细介绍剪映电脑版和手机版界面的主要功能。

1. 电脑版的页面与功能

剪映专业版,即为电脑版,其具备多轨编辑、丰富素材库、智能辅助功能、高质量输出、强大字幕编辑、精准音频处理等多项强大功能,提供简洁明了的操作界面,其界面如图10-17所示。

下面对剪映电脑版界面中的各主要部分进行相关讲解。

第10章 AI视频：运用剪映进行创作

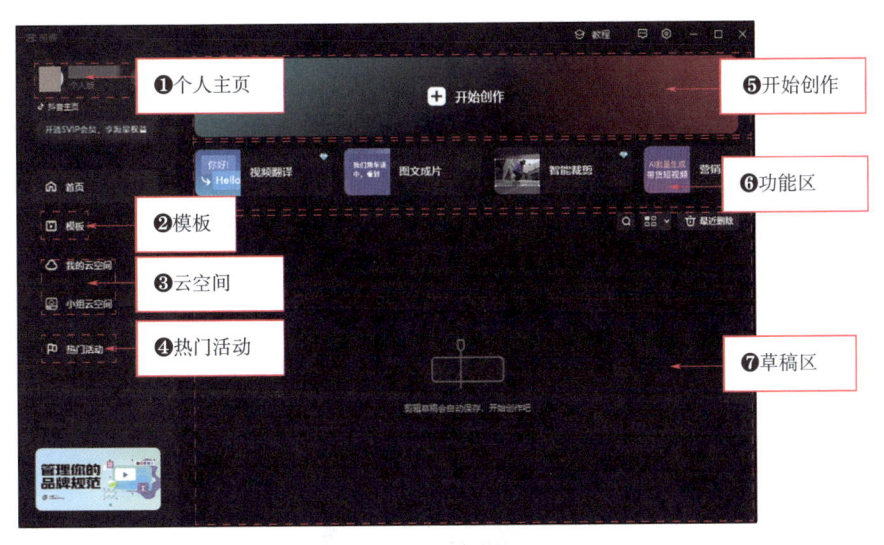

图10-17 剪映电脑版首页

❶ 个人主页：单击该按钮，即可进入个人主页，用户可以在此查看素材和收藏的内容，以及发布素材。

❷ 模板：单击该按钮，进入"模板"界面，用户可以根据自身需求，选择相应的模板，使用其进行视频制作。

❸ 云空间：云空间包括"我的云空间"和"小组云空间"两个板块，用户将视频上传至"我的云空间"，可以将视频进行云端备份；而"小组云空间"则是一个专为团队协作设计的功能，可以用于团队协作与共享、存储空间与扩容等。

❹ 热门活动：单击该按钮，将打开"热门活动"页面，用户可以参与各类投稿活动。

❺ 开始创作：这是剪映首页的主要功能之一，单击该按钮，即可进入创作页面，用户可以开始内容创作。

❻ 功能区：这是剪映的功能专区，具备丰富的功能，例如，视频翻译、图文成片、智能剪裁、营销成片、创作脚本和一起拍，单击相应按钮，即可体验对应的功能。

❼ 草稿区：这是草稿专区，用户剪辑的视频，都会自动保存在此处，但仅限于本地保存，如果用户重新安装该应用或者换电脑设备登录，会看不到这些本地视频草稿。

2. 手机版的界面与功能

剪映 App 集成了丰富的视频编辑功能和工具，能够满足用户多样化的编辑需求。简洁明了的界面设计和直观的操作方式，让用户能够轻松上手并快速掌握软件的使用方法。剪映 App 界面中各主要功能模块如图 10-18 所示。

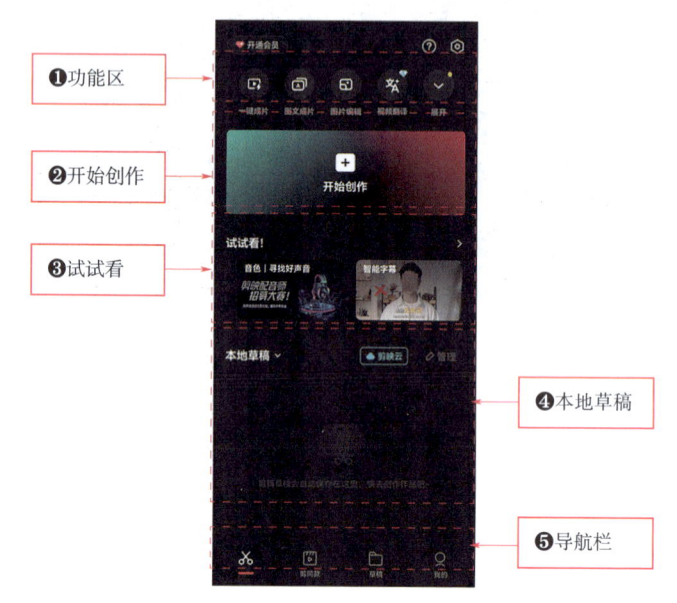

图 10-18　剪映 App 主界面

下面对剪映 App 界面中的各主要功能模块进行相关讲解。

❶ 功能区：其中包括多种剪辑创作功能，如一键成片、图文成片、图片编辑、视频翻译等，选择相应的选项，即可开始创作视频与图片效果。

❷ 开始创作：点击该按钮，即可开始导入照片或视频素材，进行内容创作。

❸ 试试看：该区域中提供了许多模板，用户可以制作或剪辑出同款视频效果。

❹ 本地草稿：这是一个草稿箱，其中显示了用户创作过的所有视频内容。如果用户需要继续编辑之前保存的草稿时，只需在"本地草稿"中选中相应的项目，即可快速进入编辑状态，无须从头开始编辑视频，这一功能为用户提供了极大的便利。

❺ 导航栏：导航栏中包括"剪辑""剪同款""消息""我的"四个功能标签，每个标签都承载着特定的作用，为用户提供了全面且便捷的视频编辑和社交体验。

10.2 视频剪辑的智能应用

在数字化时代,视频内容已成为最主要的传播媒介之一。剪映是一款流行的视频编辑应用,它提供了丰富的视频编辑功能,用户不仅可以在剪映 App 中一键生成 AI 视频,还可以在剪映电脑版中一键生成 AI 视频,提高了制作视频的效率。本节主要介绍使用剪映电脑版和剪映 App 生成 AI 视频的操作方法。

10.2.1 人像写真:图文成片视频的智能剪辑

个人写真视频通过精心设计的构图、色彩、光影等元素,能够全方位、多角度地展示个人的形象,塑造出独特的个人风格和气质,效果如图 10-19 所示。

图 10-19 效果欣赏

对于个人品牌或 IP 而言,个人写真视频是一种有效的宣传手段,通过在社交媒体、网络平台等渠道发布个人写真视频,可以吸引更多的关注和粉丝,提升个人品牌的知名度和影响力。下面介绍使用"图文成片"功能制作个人写真视频效果的操作方法。

▶▶ 步骤 1 进入剪映电脑版首页,单击"图文成片"按钮,如图 10-20 所示。

▶▶ 步骤 2 弹出"图文成片"面板,单击"自由编辑文案"按钮,如图 10-21 所示。

▶▶ 步骤 3 为了输入提示词生成文案,单击"智能写文案"按钮,默认选中"自定义输入"单选按钮,输入"个人写真",单击 ➡ 按钮,如图 10-22 所示。

智慧职场——AI 工具让你轻松成为效率达人

▶▶ **步骤 4** 稍等片刻，生成文案结果，如果用户对文案不满意，此时单击"重新生成"按钮，重新生成文案内容，满意后单击"确认"按钮，如图 10-23 所示，单击"生成视频"按钮。

▶▶ **步骤 5** 在弹出的下拉列表框中选择"智能匹配素材"选项，如图 10-24 所示。

▶▶ **步骤 6** 执行操作后，即可使用 AI 功能生成相应的个人写真视频效果，其中包括素材、字幕、语音旁白和背景音乐，如图 10-25 所示。

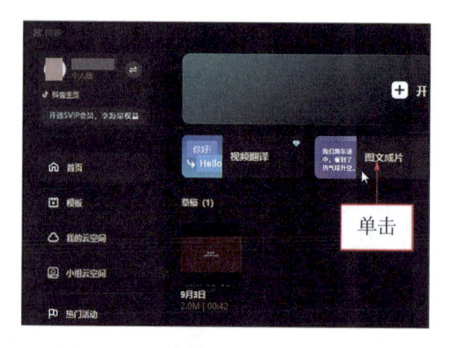

图 10-20　单击"图文成片"按钮

图 10-21　单击"自由编辑文案"按钮

图 10-22　单击相应按钮

图 10-23　单击"确认"按钮

图 10-24　选择"智能匹配素材"选项

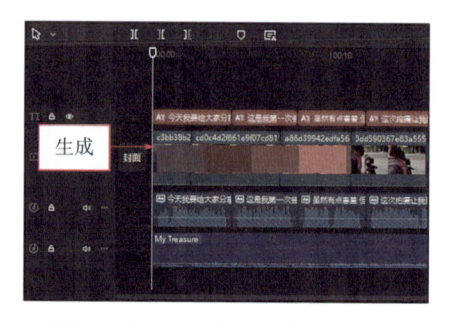

图 10-25　生成个人写真视频效果

第 10 章　AI 视频：运用剪映进行创作

▶▶ 步骤 7　用户从本地文件夹中选择相应的个人写真照片，替换至时间轴面板的视频轨道中，制作个人写真视频效果，效果如图 10-26 所示，设置视频的尺寸并导出视频。

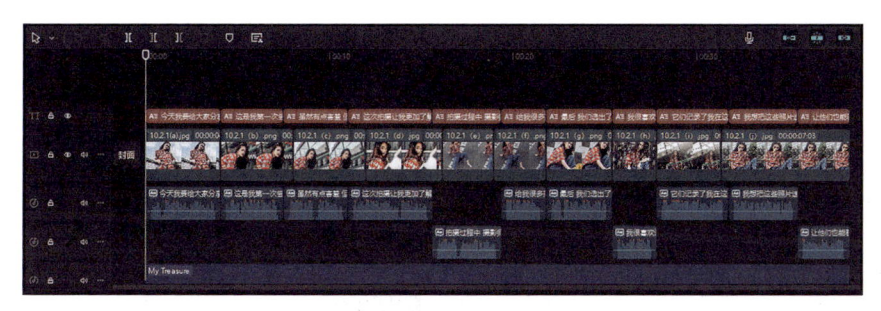

图 10-26　制作个人写真视频效果

10.2.2　生活 Vlog：模板成片视频的轻松打造

Vlog 最直接的作用就是记录个人或家庭的日常生活，包括日常活动、家庭生活、工作、学习、旅行、美食等各个方面。一些自媒体人可以将这些 Vlog 发布到社交网站上，通过互动和评论，制作者可以与粉丝建立联系，形成社群。这种方式比传统的文字或图片更加直观和生动，能够更好地传达情感。使用剪映制作的生活 Vlog 视频效果如图 10-27 所示。

图 10-27　效果欣赏

下面介绍在剪映电脑版中制作生活Vlog视频效果的操作方法。

▶▶ 步骤1 进入剪映电脑版首页，切换至"模板"选项卡，单击Vlog标签，如图10-28所示。

▶▶ 步骤2 切换至Vlog选项卡，在其中选择相应的Vlog视频效果，单击下方的"使用模板"按钮，如图10-29所示。

图10-28 单击Vlog标签

图10-29 单击"使用模板"按钮

▶▶ 步骤3 进入编辑界面，其中显示了生成的视频模板效果，如图10-30所示。

▶▶ 步骤4 依次单击"替换"按钮，替换5段不同的视频素材，如图10-31所示，单击右上角的"导出"按钮，导出视频。

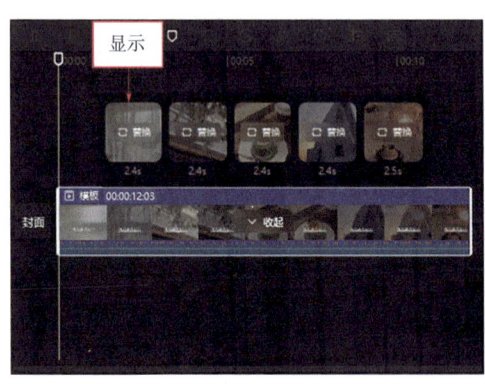

图10-30 显示了视频模板效果

图10-31 替换5段不同的视频素材

10.2.3 瞬间长大：成长记录视频的可爱呈现

儿童成长视频是记录孩子成长过程的重要载体，它们能够永久地保存下来，成为家庭宝贵的记忆财富，无论岁月如何流逝，这些视频都能让家庭成员随时回

第 10 章　AI 视频：运用剪映进行创作

顾和重温那些美好的时光。一些影楼在进行儿童摄影时，可以将儿童成长的照片做成视频，赠送给顾客，提高顾客的满意度。使用剪映的"模板"功能可以一键生成儿童成长类的视频效果，如图 10-32 所示。

图 10-32　效果欣赏

下面介绍使用"模板"功能制作儿童成长视频效果的操作方法。

▶▶ 步骤1　进入剪映电脑版首页，切换至"模板"选项卡，如图 10-33 所示。

▶▶ 步骤2　在"推荐"选项卡中，选择相应的视频效果，单击下方的"使用模板"按钮，如图 10-34 所示。

▶▶ 步骤3　进入编辑界面，单击第 1 段素材上方的"替换"按钮，如图 10-35 所示。

▶▶ 步骤4　弹出"请选择媒体资源"对话框，在其中选择一张儿童照片，如图 10-36 所示。

▶▶ 步骤5　单击"打开"按钮，即可替换第 1 段素材，如图 10-37 所示。

▶▶ 步骤6　用与上一步相同的方法，替换第 2 段素材，如图 10-38 所示，单击右上角的"导出"按钮，导出视频。

智慧职场——AI 工具让你轻松成为效率达人

图 10-33 切换至"模板"选项卡

图 10-34 单击"使用模板"按钮

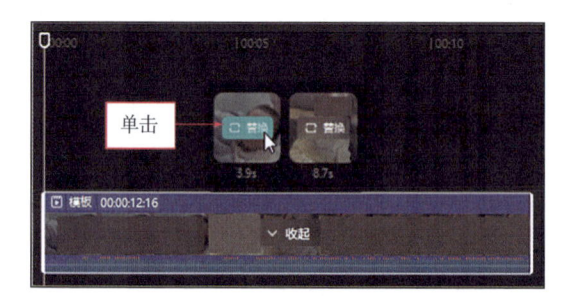

图 10-35 单击"替换"按钮

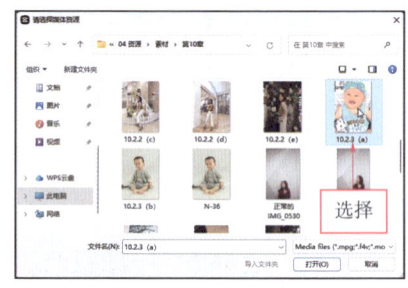

图 10-36 选择一张儿童照片

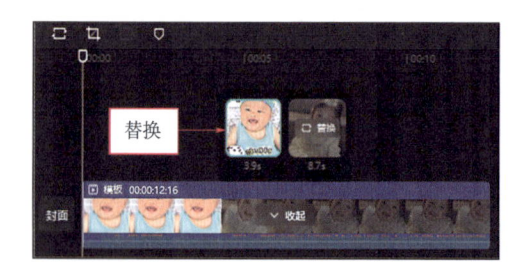

图 10-37 替换第 1 段素材

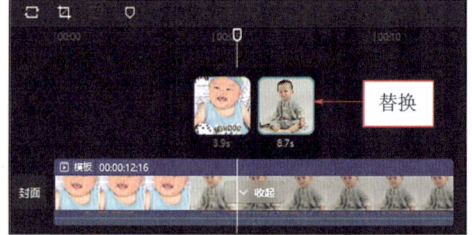

图 10-38 替换第 2 段素材

10.2.4 漫画女神：人物变身视频的特效成片

在剪映专业版中，用户可以运用"AI 特效"功能，让 AI 根据画面和描述词（即提示词）进行绘画，从而生成精美的人物变身视频效果，原图与效果对比如图 10-39 所示。

下面介绍使用"AI 特效"功能制作人物变身视频效果的操作方法。

▶▶ 步骤 1 新建一个空白的项目文件，在视频轨道中导入图片素材，如图 10-40 所示。

第 10 章　AI 视频：运用剪映进行创作

图 10-39　原图与效果对比

▶▶ 步骤 2　切换至"AI 效果"操作区，选中"AI 特效"复选框，即可启用"AI 特效"功能，如图 10-41 所示。

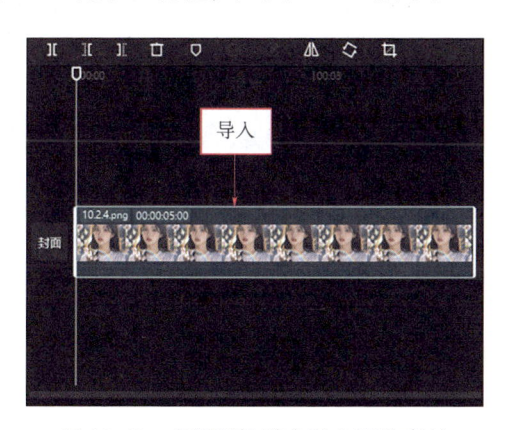

图 10-40　在视频轨道中导入图片素材 　　图 10-41　启用"AI 特效"功能

▶▶ 步骤 3　在下方选择 CG Ⅰ 特效，单击"生成"按钮，如图 10-42 所示。

▶▶ 步骤 4　执行操作后，即可开始生成特效，在"生成结果"选项区中，选择合适的效果，如图 10-43 所示。

▶▶ 步骤 5　单击"应用效果"按钮，即可为素材添加特效，在"播放器"

面板中可以预览画面效果，如图 10-44 所示。

▶▶ 步骤6　切换至"音频"功能区，选择一首合适的音乐添加到轨道中，对音乐进行适当剪辑，为画面添加背景音乐，如图 10-45 所示，单击右上角的"导出"按钮，即可导出视频。

图 10-42　单击"生成"按钮

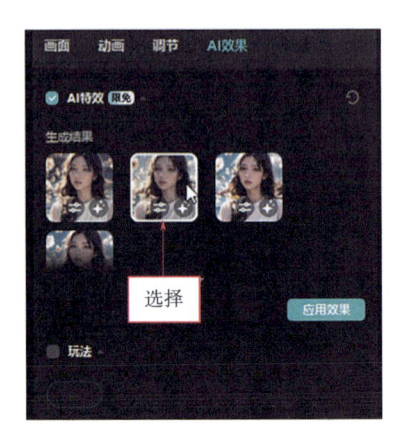

图 10-43　选择合适的效果

图 10-44　预览画面效果

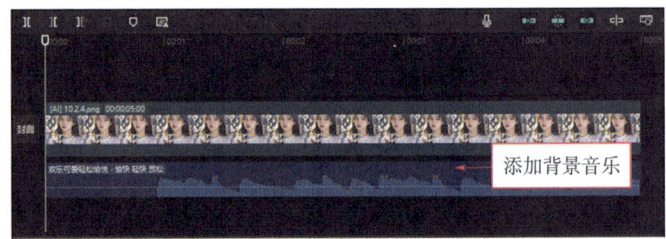

图 10-45　为画面添加背景音乐

10.2.5　辣椒炒肉：专业教学视频的创意制作

使用剪映的"图文成片"功能，可以帮助用户将静态的图片和文字转化为动态的视频，从而吸引更多观众的注意力，并提升内容的表现力。

通过"图文成片"功能，用户可以轻松地将一系列图片和文字编排成具有吸引力的视频。图文成片功能不仅简化了视频制作流程，还为用户提供了丰富的创意空间，让他们能够以全新的方式分享信息和故事，效果如图 10-46 所示。

第 10 章　AI 视频：运用剪映进行创作

图 10-46　效果展示

下面介绍使用剪映 App 的"图文成片"功能制作美食教学视频效果的操作方法。

▶▶ 步骤 1　在"剪辑"界面的功能区中，点击"图文成片"按钮，如图 10-47 所示。

▶▶ 步骤 2　执行操作后，进入"图文成片"界面，在"智能文案"选项区中选择"美食教程"选项，如图 10-48 所示。

▶▶ 步骤 3　执行操作后，进入"美食教程"界面，输入相应的美食名称和美食做法，并选择合适的视频时长，点击"生成文案"按钮，如图 10-49 所示。

▶▶ 步骤 4　执行操作后，进入"确认文案"界面，显示 AI 生成的文案内容，点击"生成视频"按钮，如图 10-50 所示。

▶▶ 步骤 5　弹出"请选择成片方式"下拉列表框，选择"智能匹配素材"选项，如图 10-51 所示。

▶▶ 步骤 6　执行操作后，即可自动合成视频效果，如图 10-52 所示。

智慧职场——AI 工具让你轻松成为效率达人

图 10-47　点击"图文成片"按钮 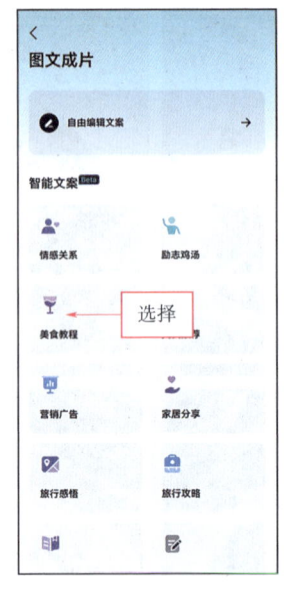　　图 10-48　选择"美食教程"选项 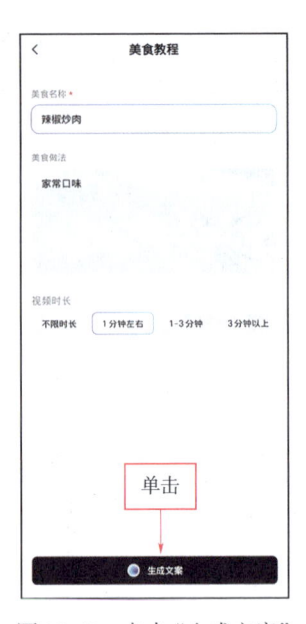　　图 10-49　点击"生成文案"按钮

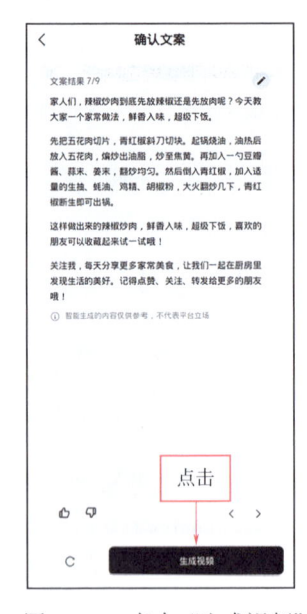

图 10-50　点击"生成视频"按钮 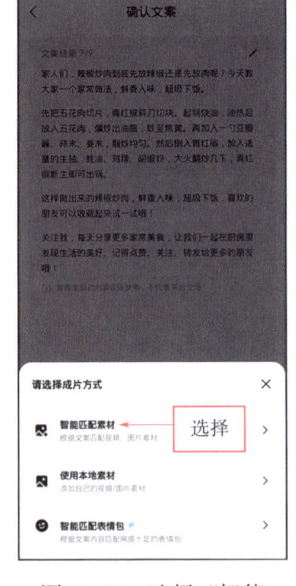　　图 10-51　选择"智能匹配素材"选项 　　图 10-52　自动合成视频效果

10.2.6　咖啡广告：智能扩图视频的一键创作

剪映的"剪同款"功能非常实用，它允许用户快速复制或模仿他人视频中的

第 10 章 AI 视频：运用剪映进行创作

编辑样式和效果，特别适合那些希望在自己的视频中应用流行或专业编辑技巧的用户。

通过剪映的"剪同款"功能，用户可以选择一个自己喜欢的模板或样例视频，剪映会自动提供相应的编辑参数和效果，用户只需将自己的素材填充进去，即可创作出具有相似风格和效果的视频，效果如图 10-53 所示。

图 10-53 效果展示

下面介绍使用剪映App的"剪同款"功能制作咖啡广告视频效果的操作方法。

▶▷ 步骤1　在剪映 App 主界面底部，点击"剪同款"按钮🎬进入其界面，如图 10-54 所示。

▶▷ 步骤2　在搜索栏中输入"一键 AI 智能扩图"，在搜索结果中选择相应的剪同款模板，如图 10-55 所示。

▶▷ 步骤3　执行操作后，预览模板效果，点击"剪同款"按钮，如图 10-56 所示。

▶▷ 步骤4　进入手机相册，选择相应的参考图，点击"下一步"按钮，如图 10-57 所示。

▶▷ 步骤5　执行操作后，即可自动套用同款模板，并合成视频效果，如图 10-58 所示。

智慧职场——AI 工具让你轻松成为效率达人

图 10-54　点击"剪同款"按钮

图 10-55　选择相应的剪同款模板

图 10-56　点击"剪同款"按钮

图 10-57　点击"下一步"按钮

图 10-58　合成视频效果

10.2.7　发型推荐：美发营销视频的智能成片

剪映 App 的"营销成片"功能是专为商业营销和广告宣传设计的，它利用

第 10 章　AI 视频：运用剪映进行创作

AI 技术帮助用户快速制作出具有吸引力的视频广告或营销内容，特别适合需要在社交媒体、电子商务平台或其他数字营销渠道上推广产品和品牌的商家和营销人员。"营销成片"功能通过简化视频制作流程，让用户能够轻松创作出高质量的广告视频，效果如图 10-59 所示。

图 10-59　效果展示

下面介绍使用剪映 App 的"营销成片"功能制作发型设计宣传视频效果的操作方法。

▶▶ 步骤 1　在"剪辑"界面的功能区中，点击"营销成片"按钮，如图 10-60 所示。

▶▶ 步骤 2　执行操作后，进入"营销推广视频"界面，点击"添加素材"选项区中的 ➕ 按钮，如图 10-61 所示。

▶▶ 步骤 3　进入手机相册，选择多个视频素材，点击"下一步"按钮，如图 10-62 所示。

▶▶ 步骤 4　执行操作后，即可添加视频素材，在"AI 写文案"选项卡中输入相应的视频文案，包括商品名称和商品卖点，如图 10-63 所示。

▶▶ 步骤 5　点击"展开更多"按钮，显示其他设置，在"视频设置"选项区中，选择合适的时长参数，如图 10-64 所示。

▶▶ 步骤 6　点击"生成视频"按钮，即可生成 5 个营销视频，在下方选择合适的视频效果即可，如图 10-65 所示。

图 10-60 点击"营销成片"按钮

图 10-61 点击相应按钮

图 10-62 点击"下一步"按钮

图 10-63 输入视频文案

图 10-64 选择时长参数

图 10-65 选择合适的视频效果

10.2.8 旅游风光：一键成片视频的智能生成

使用剪映 App 的"一键成片"功能，用户不再需要具备专业的视频编辑技

第 10 章　AI 视频：运用剪映进行创作

能或花费大量时间进行后期处理，只需几个简单的步骤，就可以将图片、视频片段、音乐和文字等素材融合在一起，AI 将自动为用户生成一段流畅且吸引人的视频，效果如图 10-66 所示。

图 10-66　效果展示

下面介绍使用"一键成片"功能制作旅游风光视频效果的操作方法。

▶▶ 步骤1　在"剪辑"界面的功能区中点击"一键成片"按钮，如图 10-67 所示。

▶▶ 步骤2　进入手机相册，选择相应的图片素材，点击"下一步"按钮，如图 10-68 所示。

▶▶ 步骤3　执行操作后，进入"选择模板"界面，系统会匹配合适的模板，如图 10-69 所示。

▶▶ 步骤4　用户也可以在下方选择相应的模板，自动对视频素材进行剪辑，选择中意模板后，点击"导出"按钮，如图 10-70 所示。

▶▶ 步骤5　执行操作后，弹出"导出设置"面板，点击保存按钮，如图 10-71 所示，即可快速导出做好的视频。

> 温馨提示：
> 　　"一键成片"功能通过智能算法和预设模板，实现了视频编辑的自动化和智能化，极大地提高了视频制作的效率。

智慧职场——AI工具让你轻松成为效率达人

图 10-67　点击"一键成片"按钮

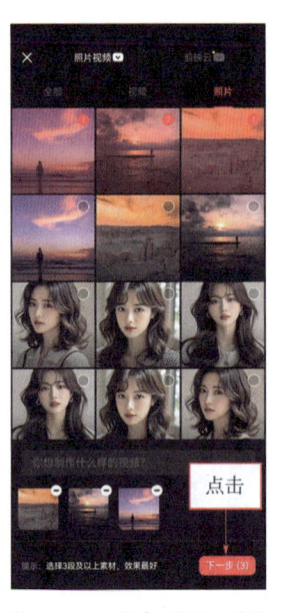

图 10-68　点击"下一步"按钮

图 10-69　匹配合适的模板

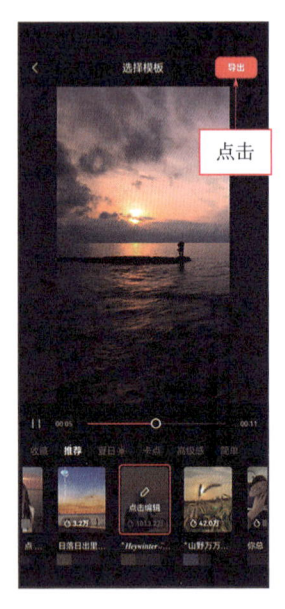

图 10-70　点击"导出"按钮

图 10-71　点击保存按钮

第11章
图文生视频：运用即梦 AI 进行创作

即梦 AI 是一个由剪映团队研发的一站式 AI 创作平台，其支持通过自然语言及图片输入，生成高质量的图像及视频。用户只需描述自己的想法或上传图片，即梦 AI 即可让这些灵感创意生成精美的图片或视频画面。本章将介绍即梦 AI 的核心功能、注册与登录及操作界面，并对其主要功能与应用案例进行具体讲解。

智慧职场——AI 工具让你轻松成为效率达人

11.1 即梦 AI 入门：功能与优势

即梦 AI 是一个 AI 图片与视频创作平台，主要利用先进的人工智能技术，帮助用户将创意和想法转化为视觉作品，包括图片和视频。即梦 AI 对于需要快速生成创意内容的用户来说是一个巨大的福音，尤其是在内容创作竞争激烈的抖音平台上。本节将对即梦 AI 的核心功能、注册与登录，以及操作界面进行深入讲解，帮助用户快速熟悉即梦 AI。

11.1.1 工具介绍：注册与登录

即梦 AI 是一款功能强大的生成式人工智能创作平台，运用其进行创作，可以让职场办公变得轻松自如。用户在注册与登录即梦账号之前，首先来学习一下即梦 AI 的核心功能。

即梦 AI 的核心功能主要包括图片生成、智能画布、视频生成、故事创作。此外，即梦还提供了一些辅助功能，比如图片参数设置、做同款提示模板、图片变超清、局部重绘和画面扩图等，这些功能共同为用户提供了一个一站式的 AI 创作平台，旨在降低用户的创作门槛，激发无限创意。下面以图解的方式介绍即梦 AI 的 4 个核心功能，如图 11-1 所示。

图片生成	用户可以通过输入提示词来生成AI图片，支持导入参考图及选择生图模型，生成出符合用户需求的图片。该平台支持使用中文提示词生成AI作品，这对于国内用户来说是一个显著优势，因为它能够更准确地理解和生成中文描述的内容
智能画布	即梦的"智能画布"功能是一个创新的工具，它允许用户对现有的图片进行编辑和AI重绘，实现二次创作。用户可以对图片进行扩展，增加图片的尺寸而不丢失质量，还允许用户对图片进行局部重绘操作，用户可以自行决定修改区域和风格
视频生成	在即梦平台中，文本生视频和图片生视频是两种基于AI技术的视频生成技术，它们允许用户以不同的方式创造视频内容，两种技术都依赖于先进的AI算法，包括深度学习和机器学习。制作的AI视频可以用于广告、社交媒体、教育等多种应用场景
故事创作	即梦的"故事创作"模式支持一站式生成故事分镜、镜头组织管理、编辑等功能。用户可以轻松地将零碎的素材拼凑成创意故事并进行高效创作，并且提供了本地上传、生图、生视频等多种素材上传功能，极大地增强了AI视频的创意和表现力

图 11-1 即梦 AI 的 4 个核心功能

第 11 章 图文生视频：运用即梦 AI 进行创作

下面介绍注册并登录即梦 AI 网页版和手机版的操作方法。

1. 网页版的注册与登录

即梦 AI 网页版集成了多种 AI 创作工具，为用户提供了一个简单、便捷、高效的创作环境。下面介绍注册与登录即梦 AI 网页版的操作方法。

▶▷ 步骤 1　在电脑中打开相应的浏览器，输入即梦 AI 的官方网址，打开官方网站，单击右上角的"登录"按钮，如图 11-2 所示。

图 11-2　单击"登录"按钮（1）

▶▷ 步骤 2　执行操作后，即可进入即梦 AI 的登录页面，选中"已阅读并同意用户服务协议 / 隐私政策 /AI 功能使用须知"复选框，单击"登录"按钮，如图 11-3 所示。

▶▷ 步骤 3　进入抖音登录授权页面，打开抖音 App 通过扫码授权的方式进行登录，如图 11-4 所示。另外，用户还可以选择"验证码授权"选项卡，通过输入手机号、验证码的方式，获取抖音授权来完成登录的操作。

▶▷ 步骤 4　执行操作后，即可进入即梦 AI 的网页页面，如图 11-5 所示。

2. 手机版的注册与登录

即梦 AI App 是一款操作便捷的 AI 创作型应用，其擅长 AI 图片创作和视

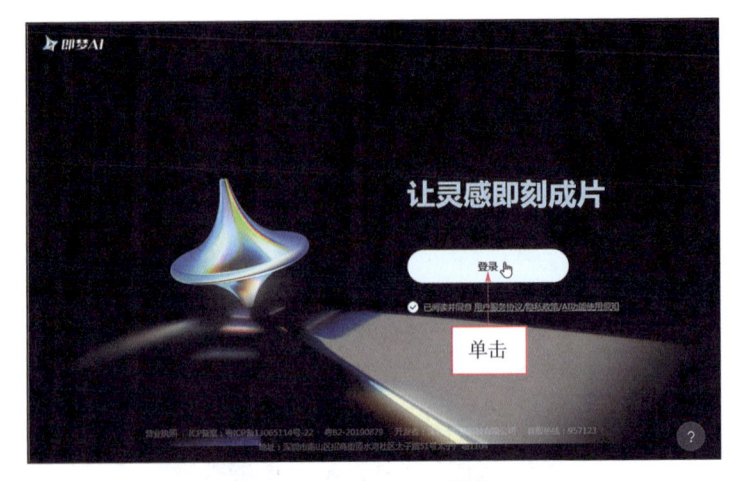

智慧职场——AI 工具让你轻松成为效率达人

图 11-3　单击"登录"按钮（2）

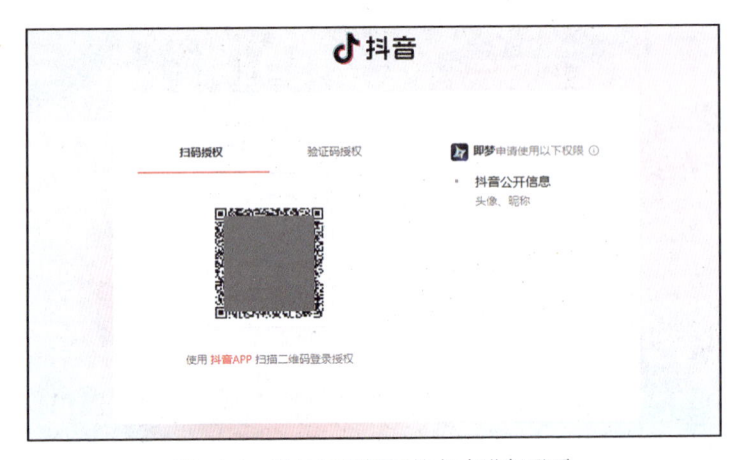

图 11-4　通过扫码授权的方式进行登录

图 11-5　即梦 AI 的网页页面

第11章 图文生视频：运用即梦AI进行创作

频创作，无论是进行个人创作还是商业项目制作，即梦AI App都能提供有力的支持。下面介绍注册与登录即梦AI App的操作方法。

▶▶ 步骤1 打开手机中的应用商店，点击搜索栏，在搜索文本框中输入"即梦AI"，点击"搜索"按钮，即可搜索到即梦AI App，点击即梦AI App右侧的"安装"按钮，如图11-6所示。

▶▶ 步骤2 执行操作后，即可开始下载并自动安装即梦AI App，安装完成后，即梦AI App右侧显示了"打开"按钮，如图11-7所示。

▶▶ 步骤3 点击"打开"按钮，进入"个人信息保护指引"界面，点击"同意"按钮，如图11-8所示。

图11-6 点击"安装"按钮　　图11-7 显示了"打开"按钮　　图11-8 点击"同意"按钮

▶▶ 步骤4 执行操作后，进入即梦AI App的"灵感"界面，点击左上角的 按钮，如图11-9所示。

▶▶ 步骤5 执行操作后，进入即梦AI App的登录界面，选中"已阅读并同意用户协议和隐私政策"复选框，点击"通过抖音登录"按钮，如图11-10所示。

▶▶ 步骤6 进入抖音授权界面，点击"同意授权"按钮，如图11-11所示，即可完成登录，返回即梦AI App的"灵感"界面。

213

图 11-9 点击相应按钮（1） 　　图 11-10 点击相应按钮（2） 　　图 11-11 点击"同意授权"按钮

11.1.2 界面全览：了解其功能

即梦AI的界面设计简洁清晰，功能十分强大，主要包括图片生成、智能画布、视频生成、故事创作。此外，即梦AI还提供了一些辅助功能，比如图片参数设置、做同款提示模板、图片变超清、局部重绘和画面扩图等，这些功能共同为用户提供了一个一站式的 AI 创作平台，旨在降低用户的创作门槛，激发无限创意。

下面详细介绍即梦 AI 网页版和手机版界面的主要功能。

1. 网页版的页面与功能

在使用即梦 AI 进行 AI 创作之前，还需要掌握即梦页面中的各功能模块，认识相应的操作功能，可以使 AI 创作更加高效。在即梦 AI 页面中，包括"AI 作图""AI 视频""常用功能"等板块，还有社区作品欣赏区域，如图 11-12 所示。

下面对即梦 AI 页面中的各主要功能进行相关讲解。

❶ 常用功能：在该列表框中，包括"探索""活动""图片生成""智能画布""视频生成""故事创作"等常用功能，选择相应的选项，即可跳转到对应的页面。

❷ AI 作图：在该选项区中，包括"图片生成"与"智能画布"两个按钮，单击相应的按钮，可以生成 AI 绘画作品。

第11章　图文生视频：运用即梦AI进行创作

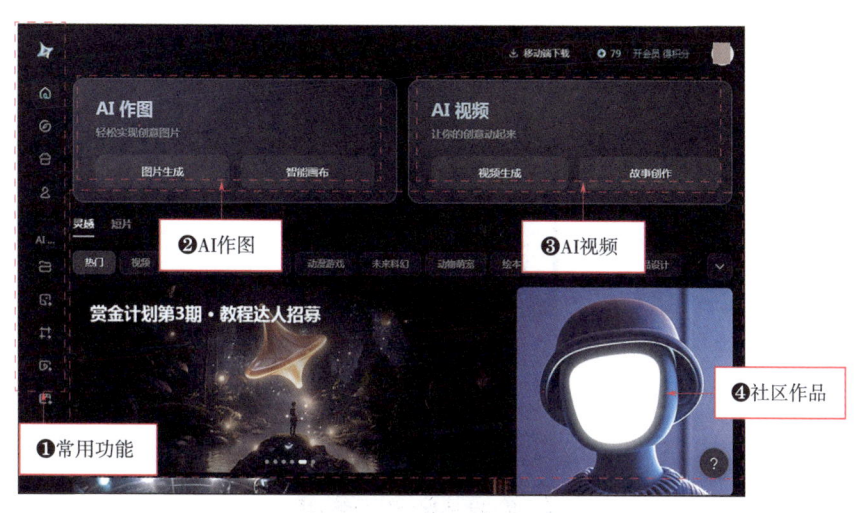

图 11-12　认识即梦 AI 页面

❸ AI 视频：在该选项区中，包括"视频生成"与"故事创作"两个按钮，单击相应的按钮，可以生成 AI 视频作品。

❹ 社区作品：在该区域中，包括"灵感"和"短片"两个选项卡，其中展示了其他用户所创作和分享的 AI 作品，单击相应作品可以放大预览。

> 温馨提示：
> 　　虽然即梦 AI 与一些先驱产品如 Sora 相比可能还有差距，但已经展现出了不俗的潜力和效果。根据用户反馈和媒体报道，即梦 AI 在提供便捷的 AI 创作体验方面得到了一定的认可，尽管在某些细节处理上还有提升空间，如人体动作的模拟、面部表情的细腻度等，随着技术的不断进步和应用场景的不断拓展，即梦 AI 的功能和应用场景也将不断扩展和完善，这意味着即梦 AI 的未来充满了无限可能性和潜力。

2. 手机版的界面与功能

即梦 AI App 的界面布局直观而明了，功能模块划分和细节设计都很合理，注重用户体验和创作效率。

下面对即梦 AI App 界面中的各主要功能模块进行相关讲解，如图 11-13 所示。

❶ 个人中心：点击该按钮，即可进入个人中心，用户可以在此编辑资料、查看发布动态，以及进行各项设置。

❷ 图片生成：选择"图片生成"选项，即可通过输入提示词或上传图片来生成图片。

智慧职场——AI 工具让你轻松成为效率达人

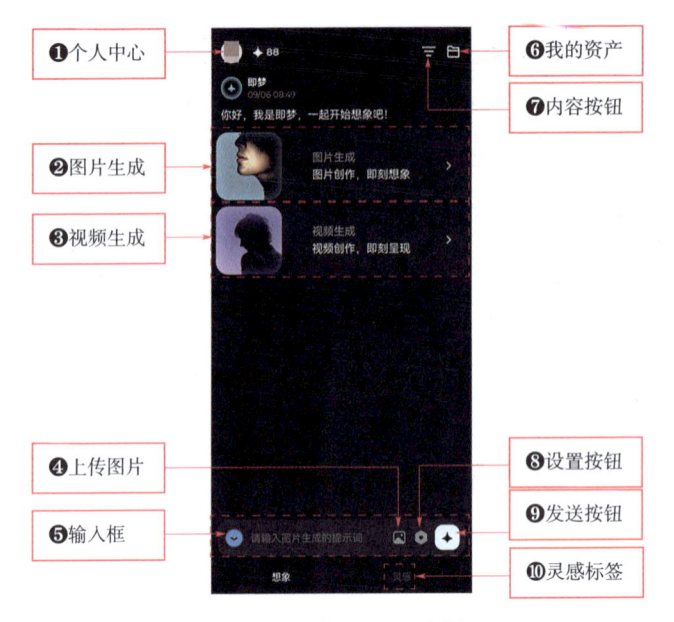

图 11-13　即梦 AI App 主界面

❸ 视频生成：选择"视频生成"选项，即可通过输入提示词或上传图片来生成视频。

❹ 上传图片：点击 ▣ 按钮，可以通过上传图片的形式来生成图片或视频。

❺ 输入框：这是与 AI 进行互动的主要功能区域，点击输入框，用户可以在其中输入提示词。

❻ 我的资产：点击 ▣ 按钮，即可进入"我的资产"界面，用户可以对即梦 AI App 生成的图片和视频进行查阅与管理，包括收藏、编辑、发布、下载和删除等。

❼ 内容按钮：点击 ▣ 按钮，即可查看 AI 所生成的"全部内容""图片内容""视频内容"。

❽ 设置按钮：点击 ▣ 按钮，即可进行生成内容的设置，包括图片模型和比例的选择，以及视频生成时长、运镜、比例的选择。

❾ 发送按钮：在输入框中输入提示词，点击 ▣ 按钮，将提示词进行发送，即可获得相应的图片或视频。

❿ 灵感标签：选择"灵感"标签，即可切换至"灵感"界面，用户可以在此选择喜欢的图片或视频做同款，还可以点击界面右上角的"活动"按钮，参与活动；点击 ▣ 按钮，即可进入"消息中心"界面，查看消息。

11.2 视频生成的智能应用

即梦 AI 不仅支持图片生成，还提供视频生成功能，使用户能够将文字描述转换成视频，或利用图片作为基础生成视频内容。本节主要介绍即梦 AI 在文生视频、图生首尾帧视频，以及做同款视频等方面的应用，帮助大家一键生成自然流畅的视频效果。

11.2.1 海边日落：山水风光视频的智能创作

在即梦 AI 中生成 AI 视频时，"运动速度"是一个重要的选项，它允许用户控制视频中动作和场景变换的速度，效果如图 11-14 所示。

图 11-14 效果欣赏

下面介绍在即梦 AI 中设置视频画面运动速度的操作方法。

▶▶ 步骤1 打开浏览器，输入即梦AI的官方网址，打开官方网站，在"AI 视频"选项区中单击"视频生成"按钮，如图 11-15 所示，使用"视频生成"功能进行 AI 创作。

▶▶ 步骤2 执行操作后，进入"视频生成"页面，单击"文本生视频"标签，切换至"文本生视频"选项卡，在输入框中输入相应的视频描述内容，用于指导 AI 生成特定的视频，如图 11-16 所示。

智慧职场——AI 工具让你轻松成为效率达人

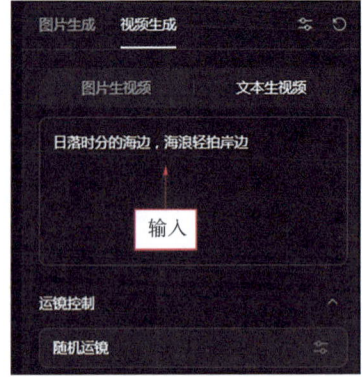

图 11-15　单击"视频生成"按钮

图 11-16　输入视频描述内容

▶▶ **步骤 3**　单击"随机运镜"按钮,在弹出的"运镜控制"面板中单击"变焦"右侧的 🔍 按钮,使镜头逐渐靠近拍摄对象,单击"应用"按钮,如图 11-17 所示。

▶▶ **步骤 4**　在"视频比例"选项区中选择 3∶4 选项,如图 11-18 所示,这是一种传统的视频比例,在视觉上呈现为一个较为纵向的矩形。

▶▶ **步骤 5**　在上方设置"运动速度"为"快速",如图 11-19 所示,表示视频画面快速播放。

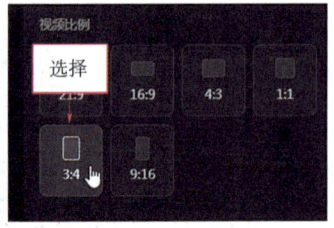

图 11-18　选择 3∶4 选项

图 11-17　单击"应用"按钮

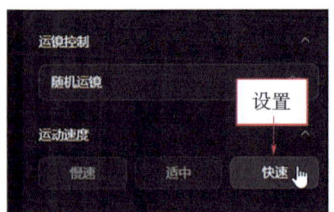

图 11-19　设置"运动速度"为"快速"

▶▶ **步骤 6**　单击"生成视频"按钮,执行操作后,AI 开始解析视频描述内容并转化为视觉元素,页面右侧显示了视频生成进度,如图 11-20 所示。

第11章 图文生视频：运用即梦AI进行创作

▶▶ 步骤7 待视频生成完成后，显示了视频的画面效果，如图11-21所示，将鼠标移至视频画面上，即可自动播放AI视频效果。

图11-20 显示了视频生成进度　　图11-21 显示了视频的画面效果

11.2.2 风中荷花：动态风景视频的精心打造

在即梦AI中，如果用户需要延长视频的时间，需要订阅即梦AI会员，才能享受更多权益，可以将视频的时间延长3秒，效果如图11-22所示。

图11-22 效果欣赏

下面介绍将视频的时间延长3秒的操作方法。

▶▶ 步骤1 进入"视频生成"页面，单击"图片生视频"标签，切换至"图片生视频"选项卡，上传一张图片素材，输入提示词"荷花在风中左右摇曳"，如图11-23所示。

▶▶ 步骤2 单击"随机运镜"按钮，在弹出的"运镜控制"面板中单击"变焦"右侧的 按钮，将"幅度"设置为"中"，单击"应用"按钮，如图11-24所示。

▶▶ 步骤3 单击"生成视频"按钮，即可生成一段相应的荷花视频，单击

219

视频效果下方的"视频延长"按钮，如图 11-25 所示。

▶▶ 步骤4 弹出"视频延长"的窗口，将"延长秒数"设置为 3 秒，单击"立即生成"按钮，如图 11-26 所示。

图 11-23　输入相应提示词 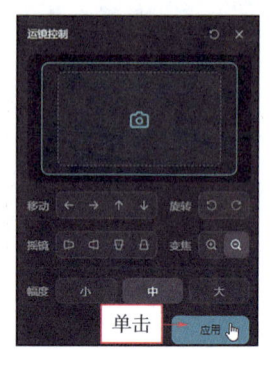　　　图 11-24　单击"应用"按钮

图 11-25　单击"视频延长"按钮 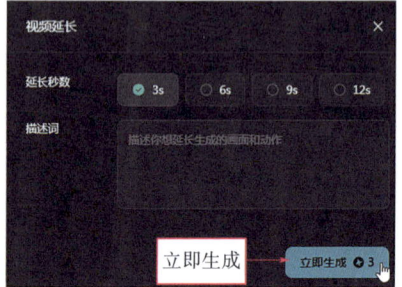　　图 11-26　单击"立即生成"按钮

▶▶ 步骤5 执行操作后，即可生成 6 秒的 AI 视频，并显示视频生成进度，如图 11-27 所示。

▶▶ 步骤6 稍等片刻，待视频生成后，将鼠标移至视频效果上，即可预览 6 秒的视频效果，如图 11-28 所示。

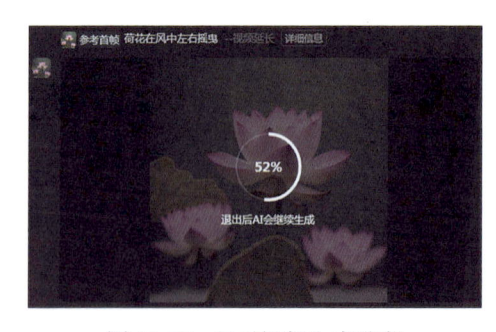

图 11-27　显示视频生成进度 　　　图 11-28　预览 6 秒的视频效果

11.2.3 彩蝶翩飞：梦幻动画视频的精巧制作

在即梦 AI 中，使用首帧与尾帧生成视频是一种基于关键帧的动画技术，通常用于动画制作和视频生成，这种方法允许用户定义视频的起始状态（首帧）和结束状态（尾帧），然后 AI 会在这两个关键帧之间自动生成中间帧，从而创造出流畅的动画效果。

首尾帧视频的制作为用户提供了精细控制视频动态过程的能力，效果如图 11-29 所示。

图 11-29　效果欣赏

下面介绍在即梦 AI 中使用首帧与尾帧生成视频的操作方法。

▶▷ 步骤 1　进入"视频生成"页面，在"图片生视频"选项卡中开启"使用尾帧"功能，如图 11-30 所示。

▶▷ 步骤 2　单击"上传首帧图片"按钮，弹出"打开"对话框，在其中选择首帧图片素材，如图 11-31 所示。

▶▷ 步骤 3　单击"打开"按钮，即可上传首帧图片素材，如图 11-32 所示。

▶▷ 步骤 4　单击"上传尾帧图片"按钮，弹出"打开"对话框，在其中选择尾帧图片素材，如图 11-33 所示。

▶▷ 步骤 5　单击"打开"按钮，即可上传尾帧图片素材，单击页面下方的"生成视频"按钮，如图 11-34 所示。

图 11-30　开启"使用尾帧"功能

图 11-31　选择首帧图片素材

图 11-32　上传首帧图片素材

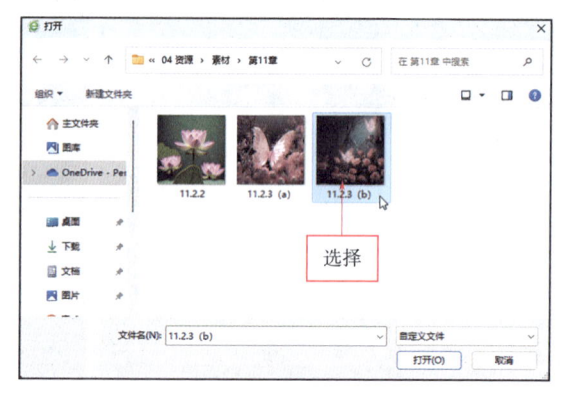

图 11-33　选择尾帧图片素材

图 11-34　单击"生成视频"按钮

▶▶ 步骤6　执行操作后，即可通过首帧与尾帧生成相应的视频效果，如图 11-35 所示。

第 11 章　图文生视频：运用即梦 AI 进行创作

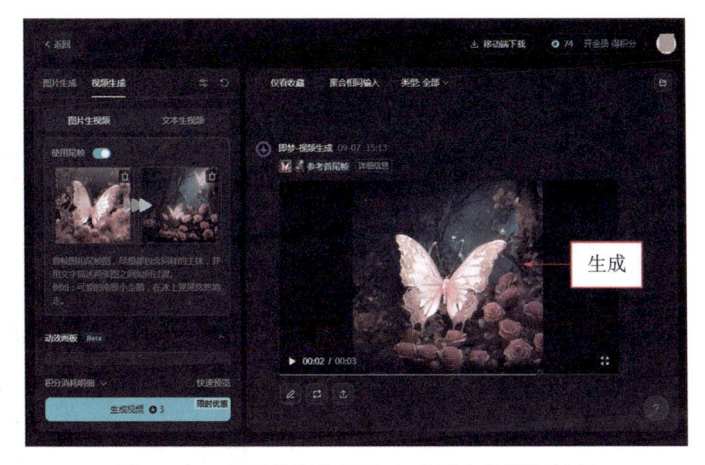

图 11-35　通过首帧与尾帧生成相应的视频效果

11.2.4　独特建筑：城市风光视频的轻松呈现

在 AI 视频的创作和编辑过程中，我们时常会遇到需要对现有视频进行重新制作或调整的情况。无论是为了改进视频质量、修正错误，或是尝试新的创意方向，再次生成视频都成为一个不可或缺的过程。利用即梦 AI 的"再次生成"功能，可以满足用户对视频内容的高标准和个性化需求，效果如图 11-36 所示。

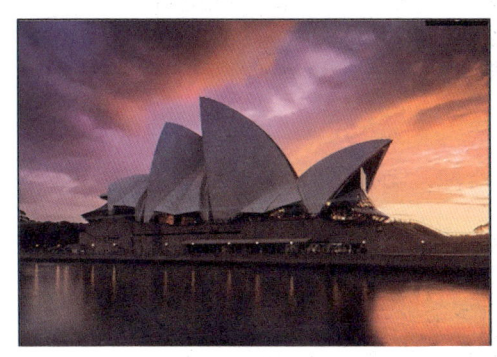

图 11-36　效果欣赏

下面介绍再次生成视频的操作方法。

▶▶ 步骤 1　进入"视频生成"页面中的"图片生视频"选项卡，单击"上传图片"按钮，弹出"打开"对话框，选择相应的参考图，如图 11-37 所示。

▶▶ 步骤 2　单击"打开"按钮，即可上传参考图，如图 11-38 所示。

▶▶ 步骤 3　单击"生成视频"按钮，即可开始生成视频，并显示生成进度，如图 11-39 所示。

智慧职场——AI 工具让你轻松成为效率达人

▶▶ 步骤4 稍等片刻,即可生成相应的视频效果,单击"再次生成"按钮 🔄,如图 11-40 所示。

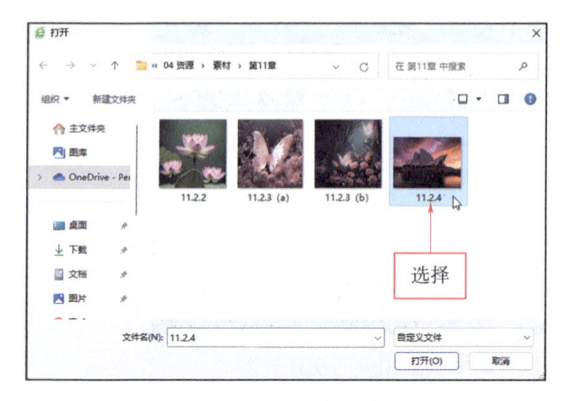

图 11-37　选择相应的参考图　　　　　图 11-38　上传参考图

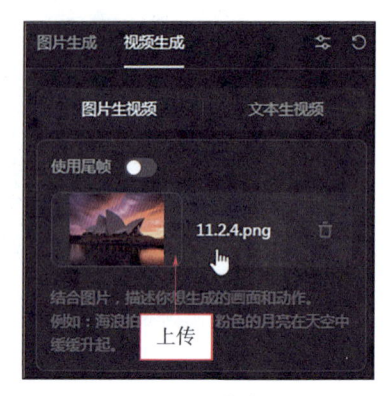

图 11-39　显示生成进度　　　　　图 11-40　单击"再次生成"按钮

▶▶ 步骤5 执行操作后,即可重新生成视频效果,如图 11-41 所示。

图 11-41　重新生成视频效果

11.2.5　电影景象：同款片段视频的一键生成

"做同款"功能鼓励社区互动，用户可以基于社区中流行的视频作品进行创作和分享。"做同款"功能降低了视频创作的技术门槛，使得更多用户能够轻松参与。电影片段可以作为电影、电视剧或其他媒体内容的预告片或宣传材料，吸引观众的兴趣和期待。在即梦 AI 中，使用"做同款"功能可以快速生成电影片段视频效果，如图 11-42 所示。

图 11-42　效果欣赏

下面介绍在即梦 AI 中使用"做同款"功能轻松生成电影级视频的操作方法。

▶▷ 步骤 1　在即梦 AI 首页左侧的导航栏中，选择"探索"选项，切换至"探索"页面，如图 11-43 所示。

图 11-43　切换至"探索"页面

▶▷ 步骤 2 在"灵感"选项卡中单击"视频"标签,切换至"视频"素材库,在其中选择相应的电影级景象视频,如图 11-44 所示。

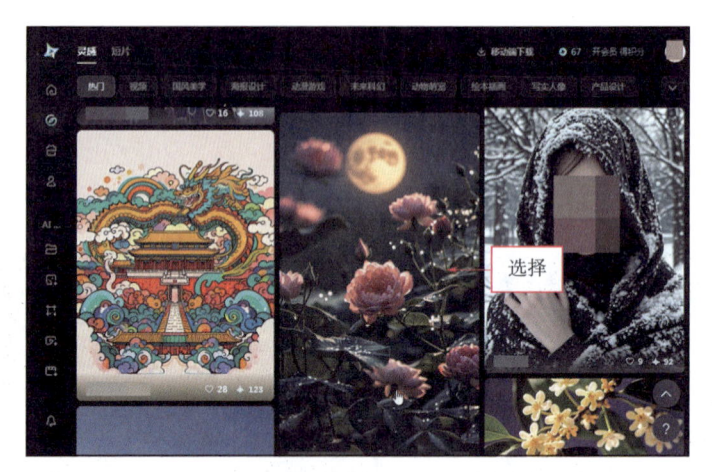

图 11-44 选择相应的电影级景象视频

▶▷ 步骤 3 打开相应页面,在其中可以预览视频的效果,在右侧面板中可以查看视频生成的提示词和运镜方式,单击右下角的"做同款"按钮,如图 11-45 所示。

图 11-45 单击右下角的"做同款"按钮

▶▷ 步骤 4 弹出"视频生成"面板,其中各选项为默认设置,直接单击"生成视频"按钮,如图 11-46 所示。

▶▷ 步骤 5 执行操作后,即可生成一段相应的电影级景象片段视频,如图 11-47 所示。

第11章　图文生视频：运用即梦AI进行创作

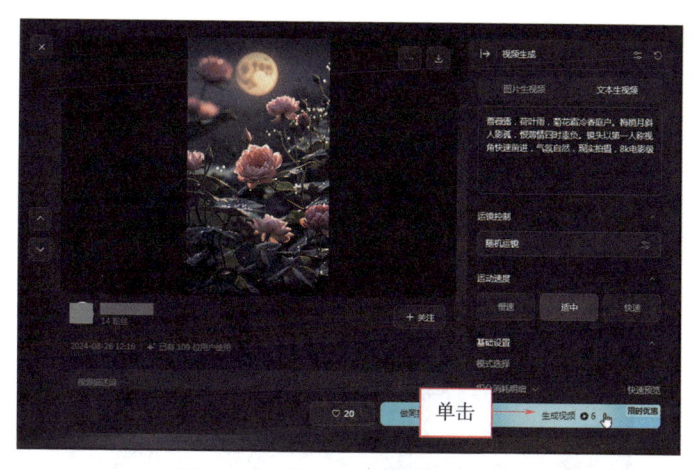

图 11-46　单击"生成视频"按钮

图 11-47　生成一段相应的电影级景象片段视频

> 温馨提示：
> 　　即梦 AI 的"做同款"功能，通过复用优质内容提示词，激发创意灵感，降低创作门槛，是提升创作效率与多样性的专业工具。此外，其还在拓展创作可能性和促进社区互动等方面都发挥着重要作用。这一功能不仅为用户提供了便捷的创作工具，还为用户之间的创意交流和共同学习搭建了良好的平台。

11.2.6　桥梁晚霞：逆光风格视频的震撼出片

　　即梦 AI App 也具备完善的视频生成功能，用户只需要用手机打开即梦 AI App 即可轻松体验，使用即梦 AI App 可以生成多种风格的景象大片，其生成的逆光风格的桥梁晚霞效果如图 11-48 所示。

智慧职场——AI 工具让你轻松成为效率达人

图 11-48 效果欣赏

下面介绍在即梦 AI App 中使用"视频生成"功能生成桥梁晚霞风光视频的操作方法。

▶▷ 步骤 1 打开即梦 AI App，进入"想象"界面，选择"视频生成"选项，如图 11-49 所示。

▶▷ 步骤 2 执行操作后，自动点击输入框，在输入框中输入相应的提示词，如图 11-50 所示。

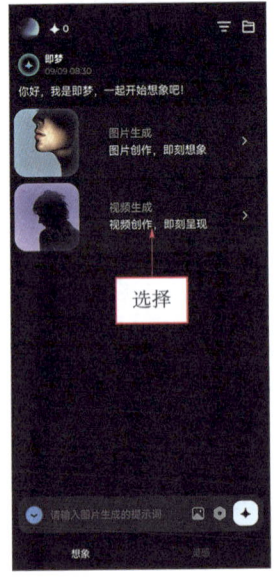

图 11-49 选择"视频生成"选项　　图 11-50 输入相应的提示词

▶ 步骤3 在输入框右下角点击 ■ 按钮,将"选择运镜"设置为"推近",如图 11-51 所示。

▶ 步骤4 执行操作后,点击 ■ 按钮,即可将提示词内容生成为视频,界面中间显示了视频生成进度,如图 11-52 所示。

▶ 步骤5 待视频生成完成后,显示了视频的画面效果,如图 11-53 所示,画面中自动播放 AI 视频效果。

图 11-51 将"选择运镜"设置为"推近" 　　图 11-52 显示视频生成进度 　　图 11-53 显示视频的画面效果

11.2.7 绝美雪山:高原风光视频的创意生成

在使用即梦 AI App 生成 AI 视频时,还可以设置"生成时长"和"选择比例"等参数,生成特定时长和比例的视频,其生成的绝美雪山风光视频效果如图 11-54 所示。

下面介绍在即梦 AI App 中使用"视频生成"功能生成绝美雪山风光视频的操作方法。

▶ 步骤1 在"想象"界面中点击输入框中的 ■ 按钮,如图 11-55 所示。

▶ 步骤2 弹出相应的选项面板,选择"视频生成"选项,如图 11-56 所示。

智慧职场——AI 工具让你轻松成为效率达人

图 11-54 效果欣赏

▶▶ 步骤 3　执行操作后，自动点击输入框，在输入框中输入相应的提示词，如图 11-57 所示。

| 图 11-55　点击相应的按钮 | 图 11-56　选择"视频生成"选项 | 图 11-57　输入相应的提示词 |

▶▶ 步骤 4　在输入框右下角，点击 ⦿ 按钮，将"生成时长"设置为 6 秒，"选择比例"设置为 4∶3，如图 11-58 所示。

▶▶ 步骤 5　执行操作后，点击 ⏵ 按钮，即可将提示词内容生成为视频，界面中显示了视频生成进度，如图 11-59 所示。

▶▶ 步骤 6　待视频生成完成后，显示了视频的画面效果，如图 11-60 所示，画面中自动播放 AI 视频效果。

图 11-58　设置各项参数 　　图 11-59　显示了视频生成进度 　　图 11-60　显示了视频的画面效果

11.2.8　冲浪小狗：同款创意视频的智能设计

在即梦 AI App 中，除了可以使用"视频生成"功能生成视频，还可以通过"做同款"的功能来生成同款的创意视频，其生成的冲浪小狗创意视频效果如图 11-61 所示。

图 11-61　效果欣赏

智慧职场——AI 工具让你轻松成为效率达人

下面介绍在即梦 AI App 中使用"做同款"功能生成冲浪小狗创意视频的操作方法。

▶▶ 步骤1 打开即梦 AI App，点击右下角的"灵感"标签，进入"灵感"界面，点击界面右上角的视频缩略图，如图 11-62 所示。

▶▶ 步骤2 执行操作后，进入所选视频的"做同款"界面，点击右下角的"做同款"按钮，如图 11-63 所示。

▶▶ 步骤3 弹出输入框，并自动填入同款视频模板相同的提示词，其中各设置选项为默认设置，点击 ✦6 按钮，如图 11-64 所示。

图 11-62 点击相应的缩略图　　图 11-63 点击"做同款"按钮　　图 11-64 点击相应的按钮

▶▶ 步骤4 执行操作后，即可进行同款视频的生成，界面中显示了视频生成进度，如图 11-65 所示。

▶▶ 步骤5 待视频生成完成后，显示了视频的画面效果，如图 11-66 所示，画面中自动播放 AI 视频效果。

温馨提示：
虽然"做同款"功能提供了默认设置，但切勿忽视自定义优化的重要性。在生成视频前，检查并调整提示词、滤镜、特效等设置，以更好地融入你的个性化元素。细微的调整往往能带来意想不到的效果，使视频更具辨识度和吸引力。

第 11 章 图文生视频：运用即梦 AI 进行创作

图 11-65 显示了视频生成进度

图 11-66 显示了视频的画面效果

第 12 章
智能生成：运用可灵 AI 进行创作

可灵 AI 是一款视频生成大模型，其在视频创作领域展现出了强大的技术实力和广泛的应用潜力，在繁忙的职场办公环境中，可灵 AI 以其卓越的 AI 生视频技术，为职场人士开辟了一条高效、创意无限的视觉表达新路径。本章将全面介绍可灵 AI 的核心功能、注册与登录及操作界面，并对其主要功能与应用案例进行具体讲解。

智慧职场——AI 工具让你轻松成为效率达人

12.1 可灵 AI 入门：操作与功能

快手在 2024 年 6 月 6 日，即其 13 周年生日之际，发布了一款 AI 视频生成大模型——可灵，这是一款具有创新性和实用性的视频生成大模型，由快手大模型团队自研打造，采用了与 Sora 相似的技术路线，并结合了快手自研的创新技术，标志着国产文生视频大模型技术达到了新高度。本节主要介绍可灵 AI 的核心功能、注册与登录及操作界面，帮助大家轻松高效地使用可灵 AI 完成艺术视频创作。

12.1.1 工具介绍：注册与登录

可灵 AI 作为快手大模型团队自研的文本生成视频大模型，其核心功能强大且多样，为视频创作领域带来了革命性的变革。用户在注册与登录即梦账号之前，首先来学习一下可灵 AI 的核心功能。下面以图解的方式介绍可灵 AI 的 6 个核心功能，如图 12-1 所示。

以文生图	可灵AI强大的图像生成能力让许多人对这个领域充满无限遐想，特别是它的以文生图功能，用户只需要通过简单的文本描述，引导AI理解自己的创作意图，即可生成精美、生动的图像效果，这为大家的创作提供了极大的便利
以图生图	以图生图是指基于用户上传的图片，通过AI技术生成新的图像。可灵AI可以对用户上传的图片进行深入分析和理解，进而生成与原图相关但内容有所变化的新图像。以图生图功能可以为用户带来意想不到的图像效果，激发用户的创作灵感
以文生视频	用户输入一段文字，可灵AI能够根据文本内容生成对应的视频。这一功能在短视频创作领域尤为重要，因为它能够极大地节省创作者的时间和精力，同时提供高质量的视频内容
以图生视频	用户可以上传任意图片，可灵AI能够根据图片信息生成视频效果。此外，该功能还新增了运镜控制、自定义参数等功能，使生成的视频内容更加灵活和多样化
视频续写	用户可以对已生成的视频进行续写，延长视频的长度和内容，这一功能为创作者提供了更多的创作空间和可能性。用户可以对生成后的视频进行4~5秒的续写，且支持多次续写（最长可达3分钟）
高画质生成	可灵AI采用了自研的3D VAE（Variational Auto-Encoder，变分自编码器）技术，能够实现高达1080p分辨率的视频生成。这种高质量的画面生成能力使可灵AI成为电影制作、高质量广告制作及虚拟现实内容创作的理想选择

图 12-1 可灵 AI 的 6 个核心功能

第 12 章 智能生成：运用可灵 AI 进行创作

下面介绍注册并登录可灵 AI 网页版和手机版的操作方法。

1. 网页版的注册与登录

可灵 AI 是一款功能强大的 AI 创作工具，为用户提供了丰富的操作选项，旨在满足用户多样化的视觉创作需求。用户在学习运用可灵 AI 之前，首先需要完成注册与登录，其操作过程简洁明了，只需几步即可完成。下面介绍注册与登录可灵 AI 的操作方法。

▶▶ 步骤1　在电脑中打开相应的浏览器，输入可灵 AI 的官方网址，打开官方网站，单击左侧导航栏中的"个人中心"按钮，如图 12-2 所示。

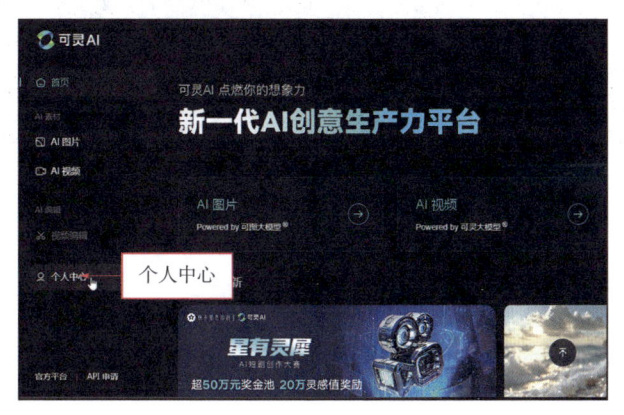

图 12-2　单击相应的按钮

▶▶ 步骤2　弹出"欢迎登录"窗口，在"手机登录"面板中，输入手机号，单击"获取验证码"按钮，将收到的验证码填入框中，单击"立即创作"按钮，如图 12-3 所示。另外，用户也可以单击"扫码登录"选项卡，用快手 App 的"扫一扫"功能扫码进行登录。

图 12-3　单击"立即创作"按钮

智慧职场——AI 工具让你轻松成为效率达人

▶▶ 步骤 3　执行操作后，即可完成可灵 AI 的登录操作，进入可灵 AI 的"AI 图片"页面，如图 12-4 所示。

图 12-4　可灵 AI 的"AI 图片"页面

2. 手机版的注册与登录

可灵 AI 的部分功能集成在快影 App 中，快影是快手官方推出的视频剪辑神器，在其"AI 创作"板块下，用户可以体验到可灵 AI 提供的各类 AI 能力，包括 AI 生视频等。用户使用可灵 AI 手机版创作视频之前，首先需要下载和登录快影 App，具体操作步骤如下。

▶▶ 步骤 1　打开手机中的应用商店，点击搜索栏，在搜索文本框中输入"快影"，点击"搜索"按钮，即可搜索到快影 App，点击快影 App 右侧的"安装"按钮，如图 12-5 所示。

▶▶ 步骤 2　执行操作后即可开始下载并自动安装快影 App，安装完成后，App 右侧显示了"打开"按钮，如图 12-6 所示。

▶▶ 步骤 3　点击"打开"按钮，弹出"用户协议及隐私政策"面板，在其中可以查阅《用户协议》与《隐私政策》的相关内容，点击"同意并进入"按钮，如图 12-7 所示。

▶▶ 步骤 4　进入快影 App 的"剪同款"界面，选择"我的"标签，如图 12-8 所示。

▶▶ 步骤 5　执行操作后，进入其登录界面，点击"其他方式登录"按钮，如图 12-9 所示。

第 12 章 智能生成：运用可灵 AI 进行创作

图 12-5　点击"安装"按钮

图 12-6　显示了"打开"按钮

图 12-7　点击"同意并进入"按钮

▶▶ 步骤 6　执行操作后，进入"手机号登录"界面，输入手机号，获取验证码，将收到的验证码填入框中，选中"登录即表示已阅读并同意《用户协议》和《隐私政策》"复选框，点击"登录"按钮，如图 12-10 所示。另外，用户还

图 12-8　选择"我的"标签

图 12-9　点击"其他方式登录"按钮

图 12-10　点击"登录"按钮

239

智慧职场——AI 工具让你轻松成为效率达人

可以使用微信、QQ 等其他方式进行登录。如果用户已安装快手 App 且具有快手账号，也可以在上一步的界面中，点击"使用快手登录"按钮进行登录。

▶▶ 步骤 7 执行操作后，即可完成登录，进入"我的"界面，如图 12-11 所示。

▶▶ 步骤 8 选择"剪辑"标签，进入"剪辑"界面，点击"AI 创作"按钮，如图 12-12 所示。

▶▶ 步骤 9 执行操作后，进入"AI 创作"界面，点击"AI 生视频"缩略图，如图 12-13 所示。

图 12-11 进入"我的"界面

图 12-12 点击"AI 创作"按钮

图 12-13 点击相应的缩略图

▶▶ 步骤 10 进入"AI 生成视频"界面，点击"生成视频"按钮，如图 12-14 所示。

▶▶ 步骤 11 弹出"温馨提醒"面板，选中"我已阅读并同意《AI 生视频功能内侧使用须知》"复选框，点击"同意"按钮，如图 12-15 所示。

▶▶ 步骤 12 执行操作后，即可进入"AI 生视频"的界面，如图 12-16 所示。

12.1.2 界面全览：了解其功能

可灵 AI 的界面布局一目了然，功能分类清晰，包括文生视频、图生视频、

第 12 章 智能生成：运用可灵 AI 进行创作

图 12-14 点击"生成视频"按钮

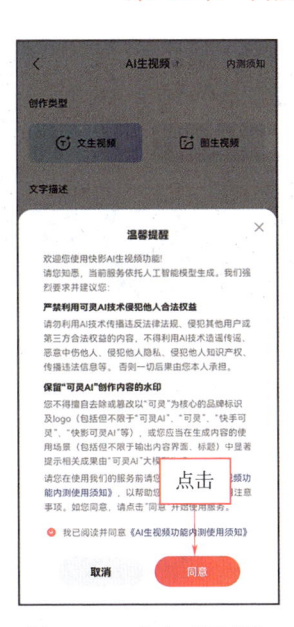

图 12-15 点击"同意"按钮

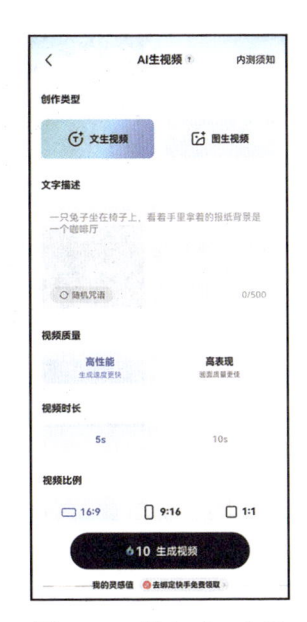

图 12-16 进入"AI 生视频"界面

视频续写、镜头控制和视频编辑能力等功能。可灵 AI 自推出以来，其功能不断升级和完善，为用户提供了强大而独特的视频创作体验。下面详细介绍可灵 AI 网页版和手机版界面的主要功能。

1. 网页版的页面与功能

可灵 AI 的网页端为用户提供了一个便捷、高效且功能丰富的视频生成平台，用户无须下载和安装任何客户端，即可直接使用各项功能，极大地提高了创作效率。无论是生成图片还是视频，可灵 AI 都能够提供高质量的内容输出，满足用户的多样化需求。

可灵 AI 页面中各主要功能模块如图 12-17 所示。

下面对可灵 AI 页面中的各主要功能进行相关讲解。

❶ 常用功能：在页面左侧的侧边栏中清晰地列出了可灵 AI 的主要功能，使网页能够以一种有序、结构化的方式展示其内容，帮助用户快速定位到自己想要访问的页面或功能。用户只需选择相应的选项，即可跳转到对应的页面，极大地提高了浏览效率。

❷ AI 图片：使用该功能，用户可以通过输入提示词来生成相应的图片。

❸ 社区作品：该区域主要用来展示平台中其他用户发布的优秀作品，当用

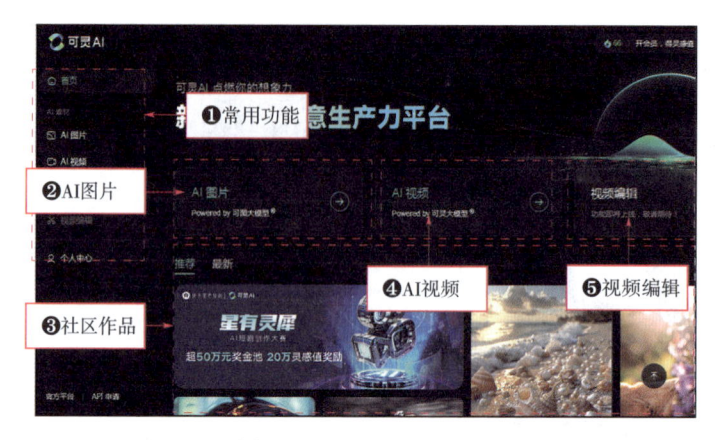

图 12-17 可灵 AI 页面

户在其中找到了自己喜欢的视频效果后，单击相应作品下方的"一键同款"按钮，即可快速生成与原作品相似的视频效果，这极大节省了用户的时间和精力，提高了创作效率。

❹ AI 视频：使用该功能，用户可以通过文本生成视频（文生视频）和图片生成视频（图生视频）。可灵 AI 支持 5 秒和 10 秒两种时长的视频生成，但 10 秒高质量视频的生成次数有限，生成的视频在动态性和人物动作一致性方面表现不错。

❺ 视频编辑：使用该功能，允许用户对视频进行裁剪、拼接、添加特效、调整色彩、添加文字注释等多种操作，以满足不同场景下的视频制作需求。

2. 手机版的界面与功能

可灵 AI 是快手推出的快影 App 里的内置 AI 工具。下面主要介绍可灵 AI 手机版的"AI 生视频"界面，如图 12-18 所示，帮助大家对可灵 AI 的操作环境有所了解。

在"AI 生视频"界面中，各主要选项含义如下。

❶ 文生视频：该功能允许用户通过输入文本描述，自动生成与之对应的视频内容。可灵 AI 可以模拟真实世界的物理特性，生成高质量、符合物理规律的视频。用户可轻松实现创意表达，将想象力转化为生动的视觉作品。

❷ 文字描述：在文本框中可以输入相应的提示词，指导 AI 生成特定的视频效果。

❸ 高性能：这是对可灵AI整体性能和能力的概括，高性能视频生成大模型，具备出色的视频生成能力，视频生成速度更快。

第 12 章 智能生成：运用可灵 AI 进行创作

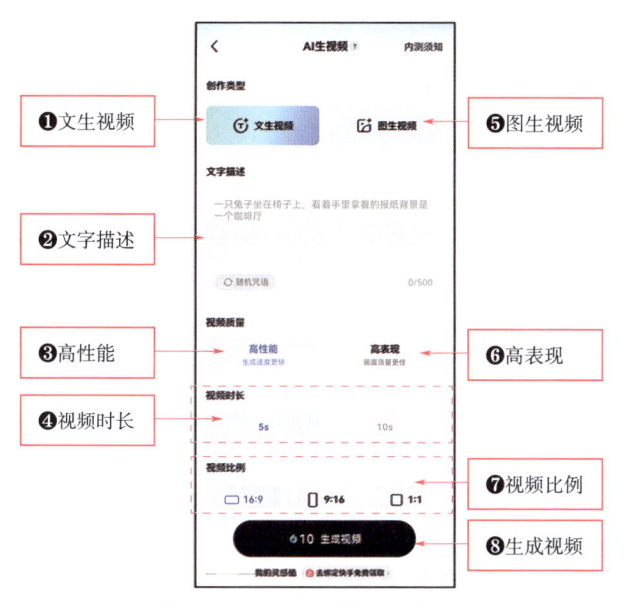

❶文生视频
❷文字描述
❸高性能
❹视频时长
❺图生视频
❻高表现
❼视频比例
❽生成视频

图 12-18 "AI 生视频"界面

❹ 视频时长：用户可以根据自身需求，选择合适的视频时长，选择 5s 或 10s 选项，即可选择相应的时长。需要注意的是，高性能质量模式暂不支持生成 10s 时长的视频。

❺ 图生视频：用户只需上传任意图片，即可生成 5s 的精彩视频，并支持添加提示词控制图像运动，支持不同风格和长宽比的图像输入，满足多样化需求。点击"添加图片"按钮，可以上传一张图片，实现以图生视频的效果。

❻ 高表现：指的是其卓越的性能与效果，使生成的视频画面质量更佳，为用户提供流畅、自然的交互体验。需要用户注意的是，使用"高表现"生成视频效果时，需要 35 个灵感值；而使用"高性能"生成视频效果时，只需要 10 个灵感值。

❼ 视频比例：视频比例有 16∶9、9∶16 和 1∶1 三个选项，用户点击相应的选项按钮，即可成功选择对应的视频比例。

❽ 生成视频：点击该按钮，即可开始生成相应的视频效果。

12.2 视频生成的智能应用

可灵 AI 生成的视频不仅在视觉上逼真，而且在物理上合理，确保了视频内容的自然流畅和高度真实感，这得益于其先进的 3D 时空联合注意力机制和深度

智慧职场——AI 工具让你轻松成为效率达人

学习算法。本节主要介绍可灵 AI 网页版和手机版在文生视频、图生视频等方面的应用。

12.2.1 山川湖泊：景点宣传视频的创意生成

旅游景点视频是吸引游客的有效工具，通过制作精美的旅游景点视频，可以展示景点的独特魅力、历史背景、自然风光或文化特色，从而激发潜在游客的兴趣和好奇心，促进旅游业的发展。旅游景点类视频可以在社交媒体、旅游网站、电视广告等多个渠道上传播，扩大景点的知名度和影响力，效果如图 12-19 所示。

图 12-19　效果欣赏

> 温馨提示：
> 　　提示词也称为关键词、描述词、输入词、指令、代码等，网上大部分用户也将其称为"咒语"。在可灵 AI 中输入提示词的时候，关于提示词的语言类型，既可以是中文也可以是英文，这主要取决于用户的偏好和具体需求。

下面介绍使用可灵 AI 的"文生视频"功能制作旅游景点视频效果的操作方法。

▶▶ 步骤1　打开可灵 AI 官方网站，在首页中单击"AI 视频"按钮，如图 12-20 所示。

▶▶ 步骤2　进入视频创作页面，在"文生视频"选项卡的"创意描述"文

第 12 章　智能生成：运用可灵 AI 进行创作

本框中输入相应的提示词，对视频场景进行详细的描述，用于指导 AI 生成特定的视频；在下方设置"视频比例"为 1 ：1，让 AI 生成方幅视频，单击"立即生成"按钮，如图 12-21 所示。

图 12-20　单击"AI 视频"按钮　　　　图 12-21　单击"立即生成"按钮

▶▶ 步骤 3　执行操作后，即可开始生成视频并显示生成进度，稍等片刻，即可生成旅游景点视频效果，如图 12-22 所示。

图 12-22　生成旅游景点视频效果

12.2.2　花间蜻蜓：图生动态视频的智能制作

单图快速实现图生视频是一种高效的 AI 视频生成技术，它允许用户仅通过

245

智慧职场——AI 工具让你轻松成为效率达人

一张静态图片迅速生成视频内容。这种方法非常适合需要快速制作动态视觉效果的场合，无论是社交媒体的短视频，还是在线广告的快速展示，都能轻松实现。

例如，下面是根据一张红蜻蜓图片生成的一个流畅的 AI 视频，其中蜻蜓在花间停留，画面生动有趣，效果如图 12-23 所示。

图 12-23 效果欣赏

下面介绍通过单图快速实现图生视频的操作方法。

▶▶ 步骤 1　打开可灵 AI 官方网站，在首页中单击"AI 视频"按钮，如图 12-24 所示。

▶▶ 步骤 2　进入"AI 视频"页面，在"图生视频"选项卡中单击上传按钮，如图 12-25 所示。

图 12-24 单击"AI 视频"按钮　　图 12-25 单击上传按钮

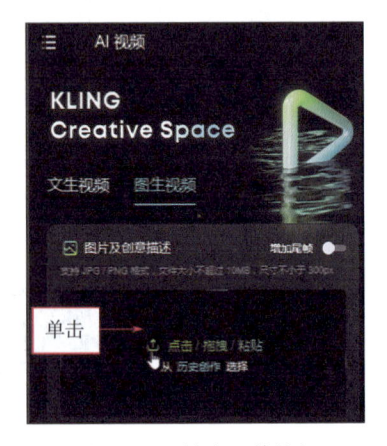

▶▶ 步骤 3　弹出"打开"对话框，在其中选择相应的图片素材，如图 12-26 所示。

▶▶ 步骤 4　单击"打开"按钮，即可上传图片素材，如图 12-27 所示。

第 12 章　智能生成：运用可灵 AI 进行创作

图 12-26　选择相应的图片素材　　　　图 12-27　上传图片素材

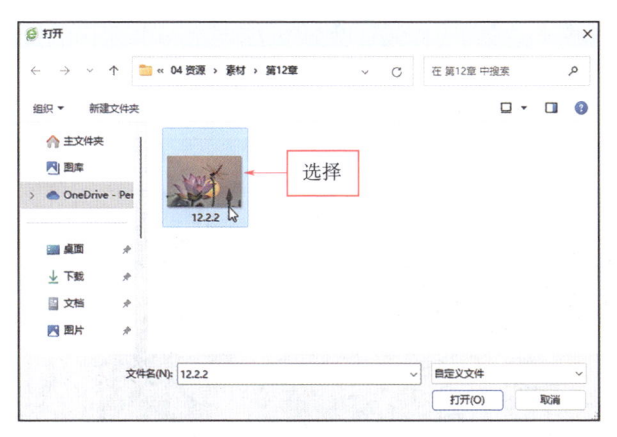

> 温馨提示：
> 　　用户宜选用高清、构图合理、主题明确的图片作为素材，这将为后续的动态效果打下坚实基础。另外，在上传图片前，用户可以先构思好自己所期待的视频场景和氛围，通过合理的场景设定，可以引导 AI 生成更符合用户预期的视频内容。

▶▶ 步骤5　单击"立即生成"按钮，AI 开始解析图片内容，并根据图片内容生成动态效果，页面右侧显示了视频生成进度，待视频生成完成后，显示了视频的画面效果，如图 12-28 所示。

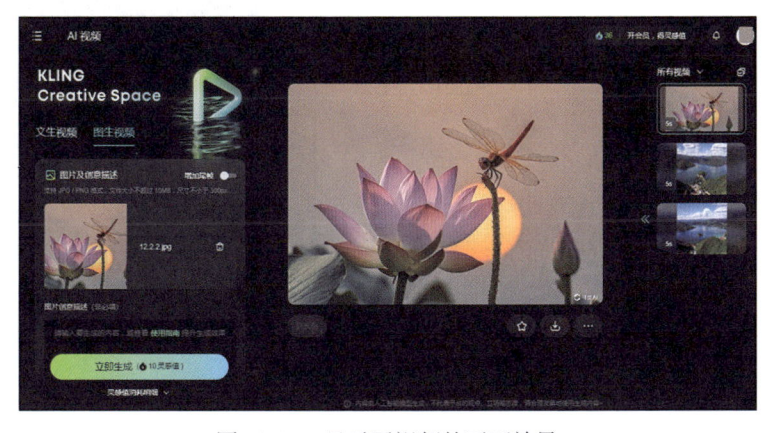

图 12-28　显示了视频的画面效果

12.2.3　花海少女：背影意境视频的唯美呈现

图文结合实现图生视频是一种更为综合的创作方式，它不仅利用了图像的视觉元素，还结合了文字描述来增强视频的叙事性和表现力。这种方法为用户提供了更大的创作自由度，使他们能够通过文字引导 AI 生成更加丰富和个性化的视频内容，效果如图 12-29 所示。

图 12-29　效果展示

下面介绍通过图文结合实现图生视频的操作方法。

▶▶ 步骤 1　进入"AI 视频"页面，在"图生视频"选项卡中单击上传按钮，弹出"打开"对话框，在其中选择相应的图片素材，如图 12-30 所示。

▶▶ 步骤 2　单击"打开"按钮，即可上传图片素材，在"图片创意描述"文本框中输入相关的提示词，如图 12-31 所示，指导 AI 生成特定的视频。

图 12-30　选择相应的图片素材 　　　图 12-31　输入相关的提示词

▶▶ 步骤 3　单击"立即生成"按钮，此时 AI 开始解析图片内容与提示词描述，并生成相应的动态视频效果，如图 12-32 所示。

12.2.4　猫咪看报：电影角色视频的智能生成

可灵 AI 能够快速生成高质量的视频内容，可以在较短的时间内完成电影

第 12 章 智能生成：运用可灵 AI 进行创作

图 12-32　生成相应的动态视频效果

角色的设计，能够根据电影的风格、主题和氛围定制独特的电影角色，吸引目标观众。可灵 AI 具有丰富的创意和想象力，可以创造出多样化的场景、特效和动画效果，为电影角色增添新奇和独特的元素，还能够在制作过程中节省成本。

可灵 AI 在视频生成中能够更好地理解物理世界，产生真实的镜头感，这对于需要制作高度真实感的电影电视节目尤为重要。通过可灵 AI，影视制作人可以生成更具沉浸感和情感共鸣的视频内容，提升观众的观影体验，效果如图 12-33 所示。

图 12-33　效果欣赏

下面介绍使用可灵 AI 的视频续写功能制作电影角色视频效果的操作方法。

▶▶ 步骤 1　进入视频创作页面，在"文生视频"选项卡的"创意描述"文本框中，输入相应的提示词，如图 12-34 所示，用于指导 AI 生成特定的视频。

▶▶ 步骤 2　在下方设置"视频比例"为 16∶9，让 AI 生成宽幅视频，单击"立即生成"按钮，如图 12-35 所示。

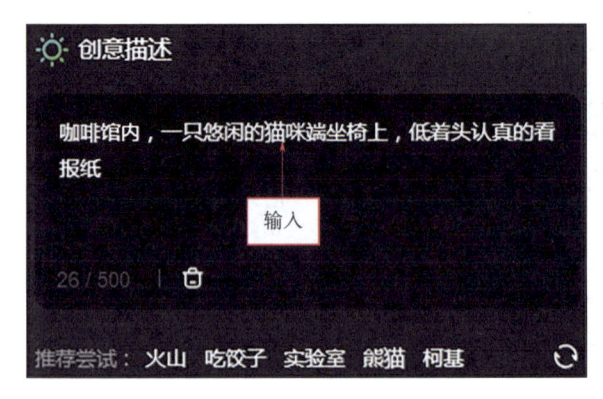

智慧职场——AI 工具让你轻松成为效率达人

图 12-34 输入相应的提示词

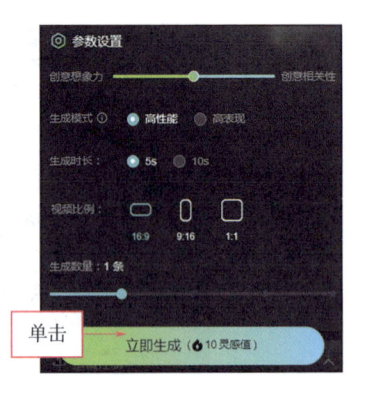

图 12-35 单击"立即生成"按钮

> 温馨提示：
> 可灵 AI 的视频续写功能允许用户对已生成的视频（包括文生视频和图生视频）进行一键续写，每次续写能够合理且显著地延展原有视频的运动轨迹，这一特性特别适合需要长时间叙述或展示的场景，如教育讲解、故事讲述等。

▶▶ 步骤 3　执行操作后，即可生成电影角色视频效果，将鼠标移至视频画面上，即可自动播放 AI 视频效果，如图 12-36 所示。

▶▶ 步骤 4　单击左下方的"延长 5s"按钮，在弹出的下拉列表框中选择"自动延长"选项，如图 12-37 所示，即可自动延长视频的时间。

图 12-36 自动播放 AI 视频效果

图 12-37 选择"自动延长"选项

12.2.5　森林童话：动画场景视频的精美打造

可灵 AI 中增加了首帧和尾帧功能，是其在视频生成领域中的一项重要创新，为用户提供了更高的创作自由度和个性化定制能力。该功能允许用户在生成动画

第 12 章 智能生成：运用可灵 AI 进行创作

场景视频时，通过上传或指定特定的起始画面（首帧）和结束画面（尾帧）来控制视频的开头和结尾。这一功能极大地增强了视频内容的连贯性和创意性，使用户能够根据自己的需求，创作出更加符合个人风格或故事情节的视频作品，效果如图 12-38 所示。

图 12-38　效果欣赏

> 温馨提示：
> 　　在使用可灵 AI 的首帧与尾帧功能进行视频创作时，请确保上传的首帧与尾帧图像清晰度高、与整体视频风格保持一致，以最大化提升视觉连贯性与观赏体验。同时，考虑到动画场景的流畅过渡，建议首帧与尾帧之间在构图、色彩及氛围上存在一定关联性，有助于观众更好地理解视频的内容。

下面介绍使用尾帧实现图生视频的操作方法。

▶▶ 步骤 1　进入"AI 视频"页面，在"图生视频"选项卡中打开"增加尾帧"功能 ，如图 12-39 所示。

▶▶ 步骤 2　在页面中上传首帧和尾帧图片，用于指导 AI 生成特定的视频，如图 12-40 所示。单击"立即生成"按钮，即可生成相应的视频效果。

图 12-39　打开"增加尾帧"功能 　　　　　图 12-40　上传首帧和尾帧图片

12.2.6　萌趣小鸡：可爱动物视频的智能创作

可灵 AI 可以生成各种可爱的动物类视频，包括小巧的动物或体积庞大的动物，通过展示动物的生活习性、行为特点和生存技巧，用于教育和启发观众，帮助观众更加了解和关注动物世界。另外，动物视频具有乐趣，能够为观众带来欢乐和放松，缓解压力和疲劳。图 12-41 为使用可灵 AI 生成的一段小鸡走路的视频效果。

图 12-41　效果欣赏

第 12 章　智能生成：运用可灵 AI 进行创作

下面介绍使用快影 App 中的可灵 AI 工具制作可爱动物视频效果的操作方法。

▶▶ 步骤 1　打开快影 App 主界面，点击上方的"AI 创作"按钮，如图 12-42 所示。

▶▶ 步骤 2　进入"AI 创作"界面，在"AI 生视频"选项区中点击"生成视频"按钮，如图 12-43 所示。

▶▶ 步骤 3　进入"AI 生视频"界面，在"文字描述"文本框中输入相应的提示词，如图 12-44 所示，用于指导 AI 生成特定的视频。

▶▶ 步骤 4　在下方的"视频比例"选项区中，选择 1∶1 选项，让 AI 生成方幅视频，如图 12-45 所示，点击"生成视频"按钮，即可生成一段可爱的小鸡视频。

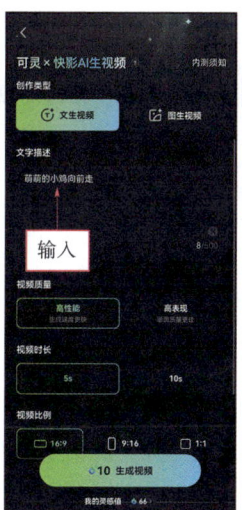

图 12-42　点击"AI 创作"按钮　　图 12-43　点击"生成视频"按钮　　图 12-44　输入相应的提示词　　图 12-45　选择 1∶1 选项

> 温馨提示：
> 　　1∶1 的方幅视频形成了一个完美的正方形，这种对称性在视觉上非常吸引人。方幅视频的框架限制了画面宽度，迫使观众的注意力集中在画面中心，有助于突出主题和细节。

12.2.7　古风美女：人像特写视频的绝美效果

在所有的拍摄题材中，人像视频的拍摄占据着非常大的比例，因此，如何用

智慧职场——AI 工具让你轻松成为效率达人

可灵 AI 生成人像视频也是很多初学者急切希望学会的。古风人像以古代风格、服饰和氛围为主题，它追求传统美感，通过细致的布景、服装和道具，将人物置于古风背景中，以创造出古典而优雅的视频画面，如图 12-46 所示。

图 12-46　效果欣赏

下面介绍使用快影 App 中的可灵 AI 工具制作古风人像视频效果的操作方法。

▶▶ 步骤 1　打开快影 App 主界面，点击上方的"AI 创作"按钮，进入"AI 创作"界面，在"AI 生视频"选项区中点击"生成视频"按钮，进入"AI 生视频"界面，在"创作类型"下方点击"图生视频"按钮，如图 12-47 所示，以图片的方式创作视频效果。

▶▶ 步骤 2　在"添加图片"选项区中点击加号按钮 ，上传一张古风人像照片，点击"生成视频"按钮，如图 12-48 所示，即可生成一段古风人像视频效果。

> **温馨提示：**
> 　　古风人像视频的灵魂在于其独特的视觉美感与文化底蕴。因此，选择高质量、符合古风主题的照片作为素材至关重要。用户在选择素材时，要确保图片中的人物服饰、表情及背景元素均能体现古典韵味。
> 　　虽然可灵 AI 能自动生成视频，但适当的手动调整能显著提升作品质量。用户可以利用快影 App 提供的编辑工具，如滤镜、色调调整等，进一步增强视频的古典氛围和色彩层次感。

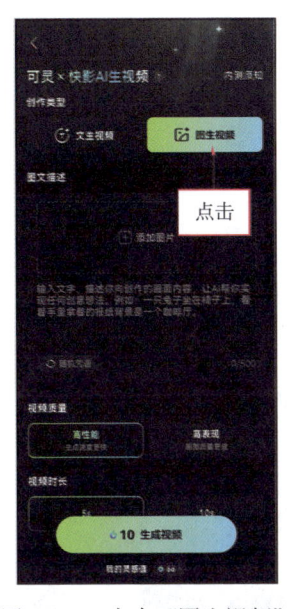

第 12 章　智能生成：运用可灵 AI 进行创作

图 12-47　点击"图生视频"按钮 　　　图 12-48　点击"生成视频"按钮

12.2.8　儿童微笑：怀旧黑白视频的灵动创作

可灵 AI 采用了先进的深度学习技术和计算机视觉算法，能够分析老照片中的图像信息，包括人物、景物、色彩等，并根据这些信息生成相应的动态效果。通过模拟真实世界的物理特性和运动规律，可灵 AI 能够创造出流畅、自然的视频画面，使黑白老照片中的人物和场景仿佛重新焕发生机，效果如图 12-49 所示。

图 12-49　效果欣赏

下面介绍使用快影 App 中的可灵 AI 工具将黑白老照片制作成动态视频的操作方法。

智慧职场——AI 工具让你轻松成为效率达人

▶▷ **步骤 1** 进入"AI 生视频"界面，在"创作类型"下方点击"图生视频"按钮，如图 12-50 所示，以图片的方式创作视频效果。

▶▷ **步骤 2** 在"添加图片"选项区中点击加号按钮■，上传一张黑白老照片，输入提示词"微笑"，然后设置"视频质量"为"高表现"，如图 12-51 所示，提升视频的生成质量。

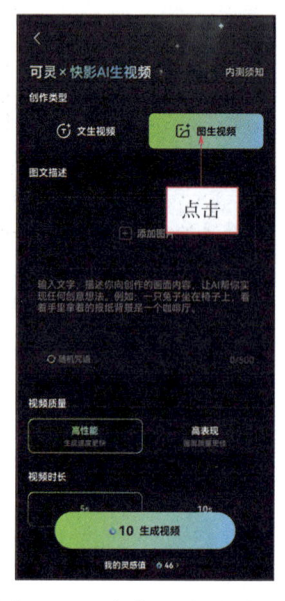

图 12-50　点击"图生视频"按钮

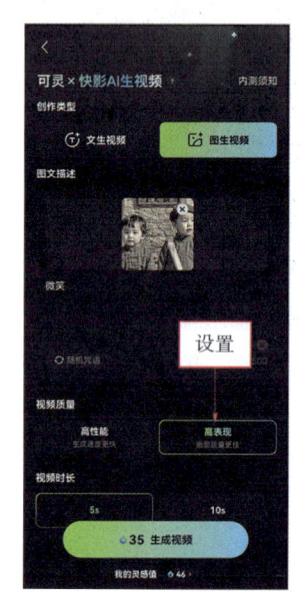

图 12-51　设置视频的质量

▶▷ **步骤 3** 点击"生成视频"按钮，即可开始生成老照片的动态视频，在"处理记录"界面中显示了视频的生成进度，如图 12-52 所示。

▶▷ **步骤 4** 稍等片刻，即可生成老照片的动态视频效果，点击"预览"按钮，如图 12-53 所示，预览视频效果。

> 温馨提示：
>
> 在可灵 AI 中，"高表现"模式注重于提升视频的质量和观感体验，采用更高级的编码技术、更高的分辨率、更丰富的色彩深度，以及更精细的图像处理算法，以呈现出更加清晰、细腻、逼真的视频画面效果。
>
> "高表现"模式适用于需要高质量视频输出的场景，如影视后期制作、广告宣传、在线教育（特别是需要展示细节的教学内容）、高清视频播放平台等。在这些场景中，用户对视频画面的质量有着较高的要求，愿意为了获得更好的视觉体验而牺牲一些处理速度或增加一些资源消耗。

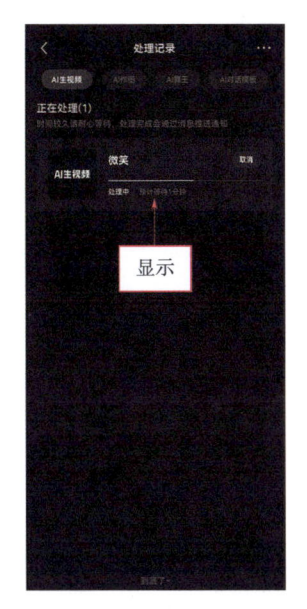

第 12 章 智能生成：运用可灵 AI 进行创作

图 12-52 显示生成进度

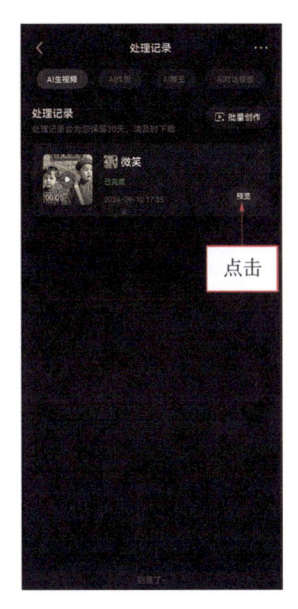

图 12-53 点击"预览"按钮